总体国家安全观系列丛书

地理与国家安全

Geography and National Security

中国现代国际关系研究院 著

时事出版社
北京

总体国家安全观
系列丛书

《地理与国家安全》
分册

主　编

陈向阳

撰稿人

陈向阳　王　磊　陈　旸

郭晓兵　付　宇　尚　月

骆永昆　唐新华　曹　廷

姚　琨　韩一元　樊小菊

颜泽洋　海　扬

总　序

一

摆在读者面前的这套丛书，名为“总体国家安全观系列丛书”，共六册。分别是《地理与国家安全》《历史与国家安全》《文化与国家安全》《生物安全与国家安全》《大国兴衰与国家安全》《百年变局与国家安全》。

我们试图以一种通俗而不失学术、鲜活而不失严肃的方式，让读者走进国家安全这个既神秘高端又同我们每个人息息相关的领域，在拓展知识开阔眼界的同时，提升我们的国家安全意识，增强统筹发展和安全的本领，为中国从大国走向强国奠定思想基础。这是我们学习领会习近平总书记创造性提出的总体国家安全观的一种尝试，也是现代院作为国家高端智库的一份责任。

国家安全离我们很远，诸如所谓“三海”（台海、南海、东海）问题，“三边”（边疆、边界、周边）问题，中美关系问题，政治安全、国土安全、军事安全、经济安全、金融安全、文化安全、社会安全、科技安全、网络安全、生态安全、资源安全、核安全、海外利益安全、深海安全、极地安全、太空安全、生物安全、人工智能安全等等问题，看似是“居庙堂之高”的党政领导干部关心关注的话题；国家安全又离我们很近，你说身边哪件事情跟国家安全完全没有关系？美国对华贸易战、香港“修例风波”、新冠肺炎疫情肆虐……不仅攸关我们的日常生活，甚至改变我们的人生轨迹。国事家事天下事，从来没有像今天这样紧密缠绕，深刻影响着我们每一个人。

我们生活在一个伟大的时代，比历史上任何时期都更接近民族的伟大复兴；我们生活在一个剧变的时代，世界正经历百年未有之大变局；我们生活在一个跨越的时代，中国从大国走向强国，从高速度发展走向高质量发展，从全面建成小康社会走向全面建设社会主义现代化国家……凡此意味着，我们面临的国家安全形势更加复杂，我们维护国家安全的任务更加艰巨。

改革开放 40 多年，我们坚持以经济建设为中心，坚持发展是第一要务，强调发展是硬道理，实现了初步崛起，取得了举世瞩目、史所罕见的历史性成就，中国人民为之自豪！世界人民为之钦羡！党的十八大以来，中国的发展进入新时代；今天，中华民族伟大复兴从“第一个百年”征程转向“第二个百年”目标。

毫无疑问，作为世界上最大的发展中国家，发展依然是中国的中心任务。但中美博弈加剧、香港“修例风波”、新冠肺炎疫情肆虐、金融风险升高、网络安全隐忧，几乎同时从不同领域不同方面向我们发出了警告：缺乏安全的发展有可能使我们遭遇“半渡而击”的不测，有可能使我们积累的财富一夜归零，也有可能使我们无穷接近的民族复兴无法抵达胜利的彼岸。

因此，在坚持发展的同时，国家安全问题非常紧迫地摆在中国人面前。如果说过去 40 多年我们较好处理了“改革、发展、稳定”的关系，那么未来 30 年我们则必须处理好“开放、发展、安全”的关系。站起来阶段，我们更强调安全；富起来阶段，我们更重视发展；强起来阶段，我们则必须兼顾发展和安全。如何统筹发展和安全两件大事？如何在更高水平开放条件下动态维护国家安全？什么是中国特色的国家安全道路？成为时代留给当下中国人的一道必答题。

二

对于这道必答题，以习近平同志为核心的党中央给出了答案。随着时间推移，答案愈清晰、科学、精准。

2013 年 11 月，党的十八届三中全会决定成立国家安全委员会。习近平总书记指出：

> 国家安全和社会稳定是改革发展的前提。只有国家安全和社会稳定，改革发展才能不断推进……设立国家

安全委员会，加强对国家安全工作的集中统一领导，已是当务之急。

2014年4月15日，在中央国家安全委员会第一次会议上，习近平总书记创造性地提出总体国家安全观，指出：

当前我国国家安全内涵和外延比历史上任何时候都要丰富，时空领域比历史上任何时候都要宽广，内外因素比历史上任何时候都要复杂，必须坚持总体国家安全观，以人民安全为宗旨，以政治安全为根本，以经济安全为基础，以军事、文化、社会安全为保障，以促进国际安全为依托，走出一条中国特色国家安全道路。

4月15日自此成为中国的全民国家安全教育日。

2014年11月28日，习近平总书记在中央外事工作会议上指出：要“统筹国内国际两个大局，统筹发展安全两件大事”。

2015年12月16日，习近平总书记在第二届互联网大会开幕式主旨演讲中指出：

> 安全和发展是一体之两翼、驱动之双轮。安全是发展的保障，发展是安全的目的。

2016年1月18日，在省部级主要领导干部学习贯彻党的十八届五中全会精神专题研讨班上，习近平总书记指出：

> 推动创新发展、协调发展、绿色发展、开放发展、共享发展，前提都是国家安全、社会稳定。没有安全和稳定，一切都无从谈起。

2017年10月18日，在党的十九大报告中，坚持总体国家安全观被纳入新时代坚持和发展中国特色社会主义思想的基本方略，并被写入党章。

2020 年 7 月 30 日，在中央政治局会议上，习近平总书记首次提出“更为安全的发展”，指出要“实现更高质量、更有效率、更加公平、更可持续、更为安全的发展”。

2020 年 10 月 29 日，党的十九届五中全会在《中共中央关于制定国民经济和社会发展第十四个五年规划和二〇三五年远景目标的建议》中，设专章论述“统筹发展和安全，建设更高水平的平安中国”，对坚持总体国家安全观尤其是统筹发展和安全浓墨重彩，将安全提升到和发展并重的位置，并将其作为“十四五”时期中国经济社会发展的指导思想，这在中国发展史上具有里程碑意义。

2020 年 12 月 11 日，中共中央政治局专门就切实做好国家安全工作这一主题进行第二十六次集体学习，习近平总书记就贯彻总体国家安全观提出 10 点要求，也即“十个坚持”，标志着总体国家安全观的思想体系和理论体系已然成型，堪称习近平新时代中国特色社会主义思想的“国家安全篇”。

总体国家安全观从最初提出到不断完善，统筹发展和安全从被重视到成为中国经济社会发展的指导思想，安全发展理念被要求贯穿到中国发展各领域和全过程，“十个坚持”系统集成，自成体系……凡此意味着，中国特色的国家安全思想和中国特色的国家安全道路逐步形成，而总体国家安全观就是集中体现。这也就意味着，总体国家安全观不只是国家安全职能部门的工作指引，而应成为从事各项工作的党政干部的世界观和方法论，成为从大国走向强国的中国人民的必修课。

三

我们这套丛书，正是循着上述思路，试图站在中华民族伟大复兴战略全局和世界百年未有之大变局这“两个大局”，以及新发展格局和大安全格局这“两个格局”的高度，立足“两个一百年”历史交汇期的特殊时间节点，从历史的长河、地理的视域、文化的纵深、大国兴衰的规律和百年变局的沉思等不同角度和维度，全景式、大视野认识国家安全。新冠肺炎疫情的突发和泛滥，促使我们对国家安全又多了一份从生物安全角度的思考，凡此汇编成六册，作为“总体国家安全观系列丛书”的第一辑，奉献给读者。

时间紧，任务重，责任大。丛书编者们大多是从事国际战略、区域国别和国家安全问题研究的学者，不乏知名专家，但从学习领会总体国家安全观入手，从历史、地理、文化诸角度看国家安全，却是一种全新的尝试和初步的探索。加之从一开始我们就商定，这套丛书必须通俗易懂、喜闻乐见，既要有国家安全主题的严肃性、政论性，又要兼顾可读性、知识性，总之让读者愿意看，且看后有收获，对编者们确实提出了挑战。

不论怎样，大家暂时放下手边的工作，全身心投入这项全新的事业，虽不时有“书到用时方恨少”之叹和“独上高楼，望尽天涯路”的茫然，但其中的责任感、使命感是真实且真诚的。

至于六册书的具体内容，各分册主编在书的前言都做了概述或导读，不乏精彩呈现。比如，谈历史与国家安全，从秦朝二世而亡，到“无事袖手谈心性，临危一死报君王”的明朝灭亡启示录，涉及中国历史的多个片段，从国家安全视角看历史，给人不一样的启发。谈地理与国家安全，突出“一方水土养一方人”，从俄罗斯的广袤到新加坡的狭小，从北极变迁到气候变化，从地理环境决定论到人定胜天，从地缘战略到首都安全，天南地北，无所不包。谈文化与国家安全，既有印度的种姓制度，也有日本的圈子文化，有阿拉伯人的困惑，有犹太人的韧性，由此解析国家安全的文化密码。至于大国兴衰与国家安全，百年变局与国家安全，可谓跌宕起伏，云谲波诡……在此不一一介绍了。借用一句广告词：更多精彩内容，敬请读者鉴赏。

编写本套丛书是一次初步的尝试，加之知识储备的限度，其中错舛自然难免，我们会不断修正、完善、改进，为我们接续编写丛书的第二辑积累经验。

是为序。

中国现代国际关系研究院院长　袁鹏

前　言

古人云，“天时不如地利”“地势坤，君子以厚德载物”“一方水土养一方人”，这些都彰显中华民族对大地的依恋、尊崇和厚爱。西方则有海权、陆权、边缘地带等所谓地缘政治三大理论，观察世间万物无不从权力斗争、势力范围争夺乃至维护霸权的地缘战略视角出发。由此可见，地理空间、地理环境、地理资源，与民族的生存发展、国家的安危兴亡、国际关系的合纵连横息息相关、密不可分。

习近平总书记提出的“总体国家安全观”，是做好新时代中国国家安全工作和联合世界各国共同维护国际安全的重大战略思想，其中就包含了地理与国家安全的成分，例如，以经济安全为基础，而经济安全涵盖生态环境、资源能源安全；又如，既重视国土安全，又重视国民安全；既重视传统安全，又重视非传统安全，构建集政治安全、国土安全、军事安全、经济安全、生态安全、资源安全等于一体的国家安全体系。可以说，总体国家安全观为我们研究地理与国家安全提供了指针，研究地理与国家安全则是贯彻总体国家安全观，维护和塑造新时代中国国家安全的必然要求。

从历史与现实以及中国与世界看，地理与国家安全存在紧密联系，地理既可制约国家安全，也能助力国家安全；它既是国家安全战略中的重要目标，也是维护与塑造国家安全的重要手段；地理是国家安全的现实基础、根本命脉，是国家安全的历史主题、生动主线，是影响国际战略格局的一大要素，是谋划国家安全战略的关键所在。与此同时，也要辩证看待人—地关系，既要高度重视地理因素，因地制宜、因势利导、顺其自然，又要充分发挥人的主观能动性，包括利用高科技等手段，对地理环境主动塑造、趋利避害，以免陷入“地理决定论”。

在框架结构上，本书以总体国家安全观为指导，以地理对国家安全的影响为主题，共分九章，包括：地理、地缘、地缘政治；地理的绝对性与相对性；疆域与国土安全；气候与国家安全；小国生存之道；首都与国家安全；向海图存向海而强；太空：新疆域与制高点；超越地缘政治。全书精心选取中外案例，主要通过讲故事的方式，力求娓娓道来、喜闻乐见，以期帮助读者加深理解地理与国家安全的紧密关系。

中国现代国际关系研究院

《地理与国家安全》课题组

目　录

9

超越
地缘政治

1

第一章

地理、地缘、地缘政治

地理是人类历史长河中一切活动的场所。

在中国现存古代文献中，“地理”一词最早见于《周易》，其语云“仰以观于天文，俯以察于地理，是故知幽明之故”。东汉大思想家王充对此解释道：“天有日月星辰谓之文，地有山川陵谷谓之理。”中国古代将地理学称为舆地学或地志学，常附着于史学，史地不分家，有“左图右史”之说，是谓“以历史为经，以地理为纬”，其早期代表性文献有先秦时期的《尚书·禹贡》《山海经》等，学者代表性著作则有北魏郦道元的《水经注》、宋代祝穆的《方舆胜览》、清初顾祖禹的《读史方舆纪要》等。及至近代，中国地理学的眼界扩大至全球，代表者如魏源的《海国图志》，中西地理学渐趋接轨。

虽然古代没有“地缘政治”这一概念，但中国传统上即非常重视地理与国家安全、朝代兴衰的关系，将“上知天文，下知地理”视为经邦济世的必备技能，并生发出许多利用地理条件定国安邦、角逐天下的思想策论，如春秋时期《孙子兵法》中的“九变”“九地”篇，以及战国时期的“合纵连横”，东汉末年的“三分天下”，乃至清末应对千年大变局的“海防塞防”论等，不一而足。

英文“地理”（geography）一词来自希腊语，意为“对地球的描述”（description of the earth）。有意思的是，在西方学术传统中，地理学被认为是一切学科之源。德国哲学家康德 1756—1796 年间曾在柯尼斯堡大学讲授自然地理，在每一年讲座开始时，他总要不厌其烦地论述地理学科的重要性，指出按时间对事物进行描述或分类的是历史学，而按地区对事物进行描述或分类的就是地理学。

一个国家在地理上的位置，是对这个国家的第一定义。一切权力的争夺都发生在特定的地理空间之内，杀伐决断、生死契阔，离不开具体的山川、河流、湖泊乃至汪洋大海。任何一个明智的决策者，都会清醒地认识到国家的边界，也就是它的地理限制范围。拿破仑说过，了解一个国家的地理，就等于了解它的外交政策。中国现代地理学的奠基人张其昀先生也说，地理环境为一国外交政策之生根的土壤，欲知地面之植物，自非对其生根之土壤有深切之了解不可。

基于地理思考国家安全和外交斗争策略可谓源远流长，但地缘政治概念的诞生则要晚得多。一般认为，欧洲是现代地缘政治学的发源地。提出“生存空间”概念的德国地理学家弗里德里希·拉采尔被公认为是第一位地缘政治学家，他于1882—1891年间发表三卷本巨著《人类地理学》，探索了各种自然特征对历史发展的影响。正是拉采尔的学生——瑞典人鲁道夫·克伦，由欧洲国家间的斗争历史和现实出发，创造了地缘政治

（geopolitik）一词。可以说，一部欧洲近代国际关系史，就是一部地缘政治的斗争史。

地缘政治与国家安全的关系如此紧密，甚至在某种意义上可以直接决定一国的安危。地缘政治的概念由欧洲传至美国、日本等后起大国，并深刻塑造了很多人的思维方式，乃至转变为国家的决策行为，影响了历史走向。直至今日的欧美政坛，地缘政治的论调仍大行其道，例如有人便将中国的“一带一路”倡议诬称为“地缘政治的扩张野心”。

班农谬论

2017年12月16日，时任美国总统特朗普的“前师爷”、右翼保守派领头人物史蒂芬·班农，在日本东京“保守派政治行动大会”上发表了长达一个半小时的演讲，大谈中国崛起与“中国威胁”，其中一段议论中国“一带一路”的话格外让人印象深刻。他说：

> “一带一路”是中国真正大胆的地缘政治扩张。19世纪和20世纪有三大地缘政治理论塑造了时代，其代表人物分别是麦金德、马汉和斯皮克曼。而“一带一路”的大胆之处，就是将这三大地缘政治理论结合在一起，组成一个完整的计划。
>
> 它结合了麦金德关于“谁控制了中亚腹地，谁就控制了世界岛，控制了世界岛就能控制世界”的理论。中国“一带一路”的扩张，是把中亚这些重要的国家联系在一起，用所谓“儒家重商主义”的市场模式把它们统一到一个市场中去。

"一带一路"还是马汉理论的产物，马汉的海权论是大英帝国和后来美国的战略基础，就是把海洋交通要道沿途的主要港口都连接起来。今天大家能看到中国人在波斯湾、吉布提、南中国海都在寻求控制港口，可以说，谁用海军、用港口控制了世界岛屿，谁就会控制世界。

中国人把麦金德和马汉的理论结合起来，以前从来没有人做过。但是还有第三个实际上更加大胆的地缘理论，那就是斯皮克曼的"边缘地带论"，知道他的人要少很多。他的理论是关于连接海洋到内陆的交通线，主张把侵略者"远拒"国门之外。这就是为什么中国要在南中国海不断地"远拒"，其目的就是让日本和美国无法发起大规模的入侵。

班农的上述"丰富联想"与"大胆假设"语惊四座。但问题是，在21世纪的今天，难道侵略扩张、拓荒殖民还是大国的崛起之道吗？疆域越大就越安全？国强一定称霸？对这些问题，不同的国家、不同的人自会有不同的答案，它们都是出于各自的价值观与知识体系，并烙上了强烈的民族历史观念和国家利益诉求。

班农谬论，其来有自。西方人喜欢讲地缘战略，每片水域、每座山峰、每个城池，在拥有扩土殖民、大国争霸传统的西方战略家、统治者眼中，都有其军事政治价值。浓厚的地缘政治思想至今仍流淌在大西洋两岸一些政客的脑海中。美国卡特政府时期的国家安全事务助理布热津斯基退休后写过一本国际政治方面的书，名为《大棋局》，宣称世界的一国一地都是“大棋局”中的可用之子。名高望重者，如美国政坛大佬基辛格也难逃窠臼，2018 年 7 月，他接受英国《金融时报》采访，警告“一个分裂的大西洋将带来严重后果”，“欧洲会变成‘欧亚大陆的附属物’，美国将成为一个地缘政治孤岛，夹在两个大洋之间”。2019 年 12 月，德国前国防部长冯德莱恩履新欧盟委员会主席后，说得就更加直白，她发誓要将新一届欧盟委员会打造为“地缘政治委员会”。即使到了 2020 年 3 月新冠肺炎病毒肆虐、欧洲疫情告急这样的危机时刻，欧盟外交和安全政策高级代表博雷利仍发文称：“我们必须意识到，中国援助意大利等国家抗击疫情，存在着地缘政治的成分。”

正因为“地缘政治”四个字深深烙在西方世界的观念之中，班农所谓的“‘一带一路’综合了三大地缘政治理论”一说，也就不难想见了。而众多西方政要学者惯用地缘政治的眼光看待中国的种种作为，不过是揽镜自照罢了。我们还是先看看班农提到的西方三大地缘理论是怎么回事吧。

海权·陆权·边缘地带

理论总是来源于其所属的时代。近代以来，西方迎来地理大发现，列强诸国随之扩土殖民，全球霸权的争夺第一次有了现实依据和可能。班农所比拟的西方三大地缘理论“海权论”“大陆腹地学说”“边缘地带论”相继粉墨登场，都是当时国际政治斗争焦点的智士产物。而思想一旦产生，便拥有了穿透时代的影响力，直至后世当今。

说到海权，不得不提影响历史走向的美国海权论之父——马汉。他 1840 年生于美国纽约西点，其父为西点军校的知名教授。马汉曾投身美国内战，但并无突出建树，战后长期担任美国海军军官，但仅是中校，级别并不高。1884 年，美国海军部组建海军战争学院，正感前途迷茫的马汉因为出版过一本关于海军战术的小册子，受邀前往该院任教。为了讲好海军史这门课，马汉博览群书，在 19 世纪 90 年代相继写成传世之作《海权对历史的影响（1660—1783 年）》，以及姊妹篇《海权对法国革命及帝国的影响（1793—1815 年）》。

英国的海权优势是马汉两部著作的研究主题。英国是 19 世纪当之无愧的海上霸主，彼时英国一位著名诗人汤马斯·坎贝尔写过一首诗，恰是对此的最好脚注：

大不列颠不需要堡垒，不需要峭壁上的灯塔，
她踏着如山巨浪前行，她的家就在大洋深处。

为何一个岛国能够长期称霸欧洲？马汉的基本论点是：从1688年到法国皇帝拿破仑战败，在英法长期战争中的每一阶段，都是制海权的得失决定胜负。海权的要义不是海上发生了什么，而是海上发生的事如何影响陆上事件的结局。他指出，不用在陆地上采取大规模军事行动，仅凭控制海洋和欧洲以外的世界，英国即能确保胜利。他同时批评法国背向海洋而重视大陆，终至在与英国的争霸中败下阵来。

马汉以英国为参考样板，总结出影响国家海权的六个基本条件：地理位置、自然形态、领土范围、人口、民族性以及政府体系。英国之所以能发展成强大的海权国，是因为它同时具备上述六个条件：一是独特的地理位置，英国是欧陆之外的一个岛国；二是拥有良港的自然形态；三是领土范围足够提供必要物资，但不是大到难以防守；四是人口足以打造和供应海军装备；五是向海而生的民族性格；六是愿意支持发展和扩张海军的政府体系。在此基础上，马汉又指出海权得以实现的三大要素：一是生产及海外市场；二是海洋运输，即维护海上交通线，包括海军和商船队在内的海上力量；三是殖民地与海外基地，既可以扩大海外贸易，又可以借海外基地保护贸易拓展。马汉认为，正是因为英国

> 马汉头像

还同时具备这三个条件，其才成为称霸世界的海权国。简言之，海权论可以概括为两句话：谁拥有强大的海军、商船队，并掌握了全球海上要道，谁就掌握了海权；谁掌握了海权，谁就能称霸世界。

马汉的思想切中了时代的脉搏，踏准了海洋世纪的节拍。他明里是称颂英国的海权优势，暗里则是希望美国效法英国奋起直追，成为新的海洋霸主。欧美列强都深受其学说影响，当时的英国海军上将贝雷斯福德和德皇威廉二世都曾公开要求本国的海军军舰上“每舰必有”马汉著作。在美国，马汉也迎来人生的高光时刻，曾做过海军部次长，后当选美国总统的西奥多·罗斯福便是其拥趸，国会议员辩论海军政策时也常搬出“马汉云云”。

正当海权论风光无限，英国人沉醉其中，做着“日不落帝国”美梦之时，英国一位地理学家却大唱反调，想要唤醒英国的迷梦，他就是麦金德。1902 年，他写了一篇论文，题目是《不列颠与不列颠海》(这是其名篇《历史的地理枢纽》的前奏)，从全球着眼分析了英国的地理位置及其权力影响，并对英国的海洋霸权美梦发出悲观的预警：“所有帝国都有大限，不列颠帝国也不会例外。”不久之后，麦金德将其思想整理扩大，在英国皇家地理学会大会上宣读后取名为《历史的地理枢纽》，刊发在 1904 年的《地理学报》杂志上。一石激起千层浪，该文在学界、政界都产生了巨大而深远的影响。

麦金德指出，世界大开拓与广殖民的时代已经结束，一种“封闭性的世界政治体系”已经建立。他看到铁路为陆上强国带来新的力量，继而提出“大陆腹地学说”，将整个世界地理划分为三大块：一是枢纽地区，指欧亚大陆腹地，由流入北冰洋和里海、咸海的几大河流围成，这也是海权不能达到的地区；二是内新月地区，其紧邻枢纽地区，包括部分大陆性和部分海洋性的地区；三是外新月地区，其在最外面一圈，是完全的海洋性地区，由一些岛国（英国、日本、澳大利亚等）组成。枢纽地区是陆权的天下，外新月地区则是海权的天下，陆权与海权发生碰撞的地带即是内新月地区。麦金德指出，欧亚大陆腹地这片以草原和沙漠为主的区域，实际上是一个巨大的天然要塞，三面山系环绕，河流都流入内陆湖或北冰洋，海上势力无法触及这里。

1919 年，麦金德又在《民主的理想与现实》一书中进一步阐述了“大陆腹地学说”。他把欧亚大陆和非洲称为“世界岛”，世界岛占据了全球绝大部分的土地并承载了绝大部分的人口，谁统治了世界岛谁就有了主宰世界的能力，任何海权国家都无法向世界岛的霸主挑战。他继而指出，只有控制“心脏地带”的强权，才能控制世界岛。现在人们常听到的“心脏地带”一词即由此发端。所谓“心脏地带”，实为枢纽地区的翻版，仍指那块有诸多地理屏障保护的欧亚大陆腹地，从波罗的海到黑海之间的地岬向东延伸 2500 千米到叶尼塞河大平原。因为东欧控制着“心脏地带”的门户，而“心脏地带”则是潜力无穷的安全堡垒，于是麦金德提出著名的三段论：“谁统治东欧，谁就支配心脏地带；谁统治心脏地带，谁就支配世界岛；谁统治世界岛，谁就支配世界。”

麦金德才华横溢，他掠过一切枝节问题，一笔勾画出世界地理政治学的宏大轮廓。他的这一主旨思想，既来源于大陆腹地国家对周边世界一再进行侵略的历史，也来源于德国取代俄国成为英国主要威胁的现实。彼时以英国为主的协约国已逐渐取得对同盟国的战场优势，胜利在望；但他认为，德国凭借优异的军事和管理才能，假以时日仍将有统治东欧，乃至欧亚大陆的危险。麦金德的陆权思想在英国不受青睐，却意外收获了德国战略家卡尔·豪斯霍费尔这一“粉丝”。豪斯霍费尔是德国纳粹战略观的代表，对纳粹的侵略政策有实际影响。1923 年希特勒因参与啤酒馆政变被捕，豪斯霍费尔前去狱中探望，为他提供了地缘政治方面的学术简报。希特勒在《我的奋斗》一书中详述了纳粹外交政策和所谓的“生存空间”，被外界认为出自豪斯霍费尔的思想。

麦金德“心脏地带”说引发的争议与挑战经久不息，其中最有力者当属美国学者尼古拉斯·斯皮克曼，他是美国第二次世界大战初期的战略家，生前曾担任耶鲁大学国际关系学系教授，其主要著作是二战期间出版的《美国在世界政治中的战略》与《和平地理学》两部作品。斯皮克曼著书立说的重点始终围绕地理与外交政策的关系，提出“地理并不决定，但却构成条件，它不仅提供可能性，并且要求这些可能性应被利用。人类唯一的自由就是仅仅决定利用的好还是不好而已”。他认为地理是影响各国外交政策最基础、最恒久的因素，正所谓“王侯将相你来我往，雄主独夫亦有亡日，唯有青山碧海长存”。

斯皮克曼大体采用了麦金德的观点，也将全球划分为三大地理区块，只是将“心脏地带”的范围向西扩展到连接黑海与芬兰一线。麦金德所谓的内新月地区被改称为“边缘地带”，外新月地区则被改称为“离岸大陆”。苏联即位于“心脏地带”，欧洲、南亚、东南亚、中国、日本、中东等沿海地区即是“边缘地带”。麦金德认为欧亚大陆“心脏地带”处于有利地位，而斯皮克曼则认为“边缘地带”才是世界强权的关键所在，其为欧亚大陆与外界联系的中心。他指出，位于“心脏地带”的广大土地多是不毛之地，世界人口和资源的大部分集中在“边缘地带”。也就是说，麦金德所谓海权势力无法触及“心脏地带”是个伪命题，“非不能也，是不为也。”紧接着，斯皮克曼还将麦金德著名的三段论改写成：“谁控制边缘地带，谁就统治欧亚大陆；谁统治欧亚大陆，谁就主宰世界。”

如果说麦金德在 1919 年警示的是德国对英国的威胁，那么斯皮克曼预见到的就是美苏争霸和苏联对美国的挑战。他所说的控制“边缘地带”者即能统治欧亚大陆乃至世界，并非现实，其目的在于警示当政者关注一种潜在的可能性和威胁之所在。在二战行将结束的1944年，德、日败象已露，中国、印度尚显疲弱，“边缘地带”内部强国的崛起即便可能但也并不紧迫，真正紧迫的安全威胁是“心脏地带”即苏联对“边缘地带”的控制。

斯皮克曼念兹在兹的是，不论战争时期还是和平时期，美国外交政策的基本原则之一就是，必须阻止任何国家主导欧亚大陆，也须防止欧亚大陆若干强权联合起来反对美国。基于这些原则，斯皮克曼力主美国彻底放弃孤立主义，而对世界事务采取积极干涉的政策。事实证明，他的主张赢得了美国决策界的认同，其有关地缘权力平衡的思想被充分吸收到二战后美国的外交大战略之中。

什么是“一带一路”

欧亚大陆是麦金德口中的“世界岛”，长期以来一直是世界政治舞台的中心，它见证了人类命运变迁、大国兴衰起伏。牛津大学教授彼得·弗兰科潘在《丝绸之路：新的世界史》一书中说：“几千年来，正是东西方之间的地区，即把欧洲与太平洋联系在一起的地区，构成地球运转的轴心。”

19世纪末，德国人李希霍芬将两千多年欧亚之间的文化、贸易之路命名为“丝绸之路”。2013 年中国国家主席习近平对外提出“一带一路”倡议，将源远流长的海陆丝绸之路古为今用、重新激活，并发扬光大，传承的是张骞通西域、郑和下西洋所代表的中华“丝路精神”：和平合作、开放包容、互学互鉴、互利共赢，可谓千年梦想照进当今世界，堪称新时代实现共同、开放、可持续发展的神来之笔，既植根历史，又立足现实，更将开创未来。

从历史维度看，人类社会正处在一个大发展、大变革、大调整时代。和平发展的大势仍然存在，变革创新的步伐持续向前。全球化、地球村，各国同声相应、同气相求，联系的紧密程度前所未有，对美好生活的向往是世界人民的普遍诉求。

从现实维度看，人类社会正处在一个各种挑战交织、频发的世界。全球经济增长需要新动力，发展需要更加普惠平衡，贫富差距鸿沟有待弥合。地区热点持续动荡，恐怖主义蔓延肆虐。和平赤字、发展赤字、治理赤字“三大赤字”问题突出。2020 年席卷全球的新冠肺炎疫情来势汹汹，破坏力巨大，更加凸显没有一个国家能够置身事外、独善其身。

21 世纪中国的“一带一路”倡议正是基于全球化、信息化的时代洪流，针对人类社会发展存在的不足与问题，提出的综合性应对方案。只有在全球更大范围内整合经济要素和发展资源，对接各国彼此政策，才能形成合力，促进世界和平与共同发展。

“一带一路”是标刻着和平与共同发展的世界大地理的倡议。“一带一路”立足于欧亚地理大格局，贯穿亚、欧、非三大洲，致力于建立和加强沿线各国互联互通伙伴关系，本质上是一场规模宏大的经济活动。2015 年 3 月，中国政府发布《推动共建丝绸之路经济带和 21 世纪海上丝绸之路的愿景与行动》文件，明确阐释了“一带一路”丰富的地理内涵与主要路径：“一带一路”的一头是活跃的东亚经济圈，一头是发达的欧洲经济圈，中间广大腹地国家经济发展潜力巨大。其中，“丝绸之路经济带”将重点畅通的三个方向分别是：中国经中亚、俄罗斯至欧洲（波罗的海）；中国经中亚、西亚至波斯湾、地中海；中国至东南亚、南亚、印度洋。而“21 世纪海上丝绸之路”的两个重点方向则分别是：从中国沿海港口过南海到印度洋，延伸至欧洲；从中国沿海港口过南海到南太平洋。

陆、海大通道建设是“一带一路”的基本骨架，代表了国际分工的全新地理布局，其已初步形成“六廊六路多国多港”的格局。“六廊”指六大国际经济合作走廊，包括新亚欧大陆桥、中蒙俄、中国—中亚—西亚、中国—中南半岛、中巴和孟中印缅经济走廊；“六路”指铁路、公路、航运、航空、管道和空间综合信息网络，是基础设施互联互通的主要内容；“多国”是指一批先期合作国家；“多港”是指若干保障海上运输大通道安全畅通的合作港口，其中的巴基斯坦瓜达尔港、希腊比雷埃夫斯港、东非吉布提港等项目已初见成效。

把“一带一路”看作中国意在争夺地缘权力之举，是对“一带一路”倡议最大的误读。

关于提出“一带一路”倡议的初衷，2017 年 5 月 15 日中国国家主席习近平在北京雁栖湖畔主持召开首届“一带一路”国际合作高峰论坛时即真诚道出：“在‘一带一路’建设国际合作框架内，各方秉持共商、共建、共享原则，携手应对世界经济面临的挑战，开创发展新机遇，谋求发展新动力，拓展发展新空间，实现优势互补、互利共赢，不断朝着人类命运共同体方向迈进。这是我提出这一倡议的初衷，也是希望通过这一倡议实现的最高目标。”

简言之，“一带一路”志在打通地理经脉、连通全球各地、实现共同发展，而不是竞逐地缘权力。它跨越不同地域、不同发展阶段、不同文明，是一个开放包容的合作平台，是沿线各方共同参与打造的全球公共产品。它以亚欧大陆为重点，向所有国家开放。其核心内容可以用“一、三、五”来概括：“一”即一个倡议，“一带一路”；“三”即“一带一路”建设秉持的三项原则，共商、共建、共享；“五”即促进基础设施建设和互联互通的五个方面，简称“五通”，包括政策沟通、设施联通、贸易畅通、资金融通、民心相通。

从历史到未来，从倡议到实践，“一带一路”就是要将中国发展融入全球发展，强调的是“互利共赢”，绝非班农所执迷的过时与零和游戏的“地缘政治战略”。“一带一路”意味着机遇和希望，不仅有利于中国的开放发展，也有利于各国的共同繁荣。

参考文献

1 《地图上的中国史（三卷）》，中国地图出版社 2019 年版。

2 "Japan CPAC: In Searing Defense of 'Trump Miracle,'Bannon Calls out Chinese Regime," Breitbart, December 16, 2017, http://www.breibart.com/radio/2017/12/16/bannon-in-tokyo-america-and-japan-enter-the-valley-of-decision/.

3 ［英］杰弗里·蒂尔著，师小芹译：《21 世纪海权指南》，上海人民出版社 2013 年版。

4 ［美］马汉著，萧伟中、梅然译：《海权论》，中国言实出版社 1997 年版。

5 ［英］麦金德著，林尔蔚、陈江译：《历史的地理枢纽》，商务印书馆 2009 年版。

6 ［英］麦金德著，武原译：《民主的理想与现实》，商务印书馆 1965 年版。

7 Nicholas Spykman, America's Strategy in World Politics: The United States and the Balance of Power, Transaction Publishers, 2007.

8 ［美］斯皮克曼著，刘愈之译：《和平地理学》，商务印书馆 1965 年版。

9 任美锷：《欧洲政治地理》，中国文化服务社 1940 年版。

10 钮先钟：《国家战略论丛》，幼狮文化事业公司 1984 年版。

11 钮先钟：《西方战略思想史》，广西师范大学出版社 2003 年版。

12 《21 世纪海上丝绸之路的愿景与行动》，新华社，2015 年 3 月 28 日，http://www.xinhuanet.com//world/2015-03/28/c_1114793986.htm。

2

第二章

地理的绝对性与相对性

第二章

历史学家费尔南·布罗代尔曾指出："人类历史从来就是在道路的两旁生根发芽。"他想强调的是地理有多重要。迄今为止，在人类发展过程中，地理作为一个单独因素发挥的作用最大。世界上不同的国家曾长期或受益于或受制于它们所处的不同的地理环境。虽然至今要彻底改变这一点仍很难，但随着科学技术的飞速进步，特别是交通和通信手段的日新月异，加上经济全球化大潮的冲击，人类对地理的依赖程度已经降低，对地理环境的超越与重塑已不再是神话。

西欧小国如何成为“大国”

人们常说的地理环境实际上包括两方面，一方面是地理位置、空间结构、自然条件和资源等自然地理要素；另一方面是人口、民族、宗教以及历史传统等人文地理要素。地理环境作为一国物质资源的天然载体，历来是一国综合国力的重要组成部分。一般而言，一些自然与人文地理环境相对优越的国家，如果能因势利导，采取适合本国客观条件的发展路径，往往能在自身发展与国际博弈中占据先机。

实际上，现代资本主义体系之所以率先在西欧萌芽发展，就与西欧独特的自然与人文地理条件息息相关。恩格斯在论述近现代西欧国家所特有的地理条件时曾指出，与世界其他地区不同，15 世纪的西欧小国虽然规模远远比不上奥斯曼帝国和中国，但濒临海洋的特殊地理位置与重商主义人文传统，使这些国家很早就拥有较为成熟的航海技术与商品贸易规则，15 世纪后更是由于人口增长迅速，西欧国家开始率先通过加强对外贸易和海外殖民来发展自身，从而拉开了世界近代史的序幕。

也正是从 15 世纪开始，西欧的葡萄牙、西班牙、荷兰等国

< 欧洲海港

凭借其得天独厚的地理环境，积极抢占世界海上要道，先后成为称霸欧洲乃至世界的大国。葡萄牙和西班牙位于西南欧的伊比利亚半岛，这个半岛西邻大西洋，东接地中海，南遏直布罗陀海峡与非洲相望，北部有比斯开湾，地理位置极为优越。15 世纪，欧洲各国迫切需要打开海外市场与抢占原料产地，并把最初的目光投向了毗邻的非洲大陆。葡萄牙凭借其紧邻北非的地理优势，率先迈出了海外扩张和殖民掠夺的脚步。1415 年葡萄牙人占领了北非海岸上的休达城，在非洲安下了殖民侵略的第一个据点，随后又出现在西非海岸，在那里猎取黑人奴隶、寻找黄金与象牙。到 15 世纪末，葡萄牙已陆续开辟了去往印度的航线，控制了霍尔木兹海峡和马六甲海峡，逐渐建立起一个从直布罗陀经好望角直到远东的庞大殖民基地网，一跃成为欧洲与世界的航海及商业中心。

紧随葡萄牙人脚步的同样是地处西南欧、濒临大西洋的西班牙人。而西班牙的崛起，又与美洲新大陆的发现和开发息息相关。从 15 世纪初叶开始，由于葡萄牙已基本控制了欧洲通往非洲与远东的海上通道，西班牙便凭借其地理优势，开始了寻找海上新航线的探索。1492 年 8 月，西班牙国王派遣意大利人哥伦布进行横渡大西洋的航行，试图打通通往东方的航道，却阴差阳错发现了美洲新大陆，西班牙由此开始了在美洲的殖民活动。

1519 年，西班牙国王查理一世派出葡萄牙人麦哲伦出海远航。舰队从塞维利亚港起航，向西航行，一路经过现在的里约热

内卢湾、圣马蒂亚斯湾、圣胡安港、麦哲伦海峡，到达太平洋的马里亚纳群岛和菲律宾中部岛屿，最后取道非洲好望角回到西班牙。虽然麦哲伦本人半途死在了麦克坦岛，但是他的舰队完成了从西向东绕地球一周的航行，也开辟了欧洲横跨大西洋经美洲通往亚洲的航线。随着美洲新大陆开发的不断推进，西班牙取代葡萄牙成为当时的世界头号强国。

而随着欧洲与世界其他地区贸易的发展，地处欧洲西北部交通要冲的小国荷兰也开始崛起。荷兰面朝大西洋的北海，背靠广

> 麦哲伦头像

衮的欧洲大陆，欧洲的两条主要水道均从这里入海。荷兰地势较低，为了排涝，早期荷兰人修建了多条运河，并逐步以此为基础建成当时通往西欧内陆主要城市的发达水上交通网，也造就了欧洲首屈一指的造船业。加之荷兰人航海技艺出众，海员素质高，使得荷兰具备了成为欧洲新的商品集散地的可能。15 世纪末的地理大发现，给欧洲带来前所未有的商业繁荣，也为荷兰提供了成就商业帝国的历史性机遇。作为中间人、代理人、加工者和推销商，荷兰人从葡萄牙和西班牙那里装载香料、丝绸和黄金，然后把它们运销到欧洲各地。返航时，他们又为这两个最早的海上霸权国家运去波罗的海产粮区的小麦、瑞典的铁器、芬兰的木材以及自己生产的海军补给品。在荷兰东印度公司、阿姆斯特丹银行及其强大舰队的支撑下，荷兰控制了与东方世界的贸易，打造了其欧洲金融中心和“海上马车夫”的地位，成为 17 世纪的海洋霸权国家。

英国位于欧洲西北部的大不列颠群岛，被北海、英吉利海峡、凯尔特海、爱尔兰海和大西洋四面包围。在美洲被发现之前，孤悬海外的英国属于欧洲乃至世界的边缘地带。1497 年，英国人约翰·卡波特在国王亨利七世的资助下，带着 18 个英国船员从布里斯托尔出发，到达美洲并将此地插上了英国的国旗。当欧洲前往北美的海上航线开通以后，国际商路和西欧国际贸易中心就逐渐转移到北大西洋沿岸，这为英国从国际贸易边缘国家转变为核心国家提供了极好的机遇，英国得以更主动地参与国际市场体系，并通过海外贸易和殖民掠夺获取了巨额财富，最终缔造了空前的“日不落帝国”。

不难看出，近代以来先后崛起的西、葡、荷、英等国与人类历史上曾经存在的罗马帝国、蒙古帝国和奥斯曼帝国相比，其国家领土规模要小得多，却一度成为主宰世界的霸主，这无疑与它们身处西欧、西南欧的有利自然地理位置及航海技术的大发展有关，也与这些西欧国家特别的人文地理条件不可分割。正是由于很好利用了自身所处的地理条件，西欧得以成为最早开启现代化的地区。西欧小国凭借其地缘优势和航海技术，不断向外扩张和掠夺，打破了地理界限，一跃成为“大国”，在极大拓展自身国家安全利益的同时，却给广大殖民地人民带来了深重的苦难。例如，它们导致美洲原住民领地急剧收缩、人口锐减，上千万印第安人被屠杀或因感染殖民者带来的天花、麻疹而死亡。时至今日，被西方列强殖民和奴役的历史仍深刻影响着拉美国家的发展和安全。

俄罗斯的盔甲与软肋

任何事物都有正反两面。同样的地理条件既可能成为一国发展、崛起的重要基础，也会在特定条件下成为妨碍该国发展和安全的负面因素。这一点在俄罗斯身上表现得尤为明显。对任何一个曾坐火车驰骋在跨西伯利亚大铁路上的人来说，俄罗斯独特的自然地理条件无疑都会给其留下难以磨灭的印象。俄联邦横跨欧亚两大陆，与 14 个陆上邻国接壤，毗邻 3 洋（大西洋、太平洋和北冰洋）12 海，与 7 国隔海相望，海岸线长达 3 万多千米，国土面积高达 1712 万平方千米，独占世界鳌头；东西最长达 9000 千米，南北最宽为 4000 千米，战略纵深无可比拟，资源富饶无国可敌。如此特殊的地理条件对于俄罗斯到底意味着什么？其实，这一突出特征既赋予了俄罗斯至高无上的力量，但也成为其致命的弱点。正如俄罗斯地缘政治问题科学院前副院长瓦列里·列昂尼多维奇·彼得罗夫在《俄罗斯地缘政治——复兴还是灭亡》一书中所说："俄罗斯历史命运含有难解问题的这个事实，对每一个看一眼地图的人来说就会十分清楚了。"

独特的地理条件首先奠定了俄罗斯在世界舞台上的大国地位。对于从波罗的海一直延伸到太平洋、占地球陆地面积 1/8 的广袤领土，俄国人从不吝惜赞叹。史学家波戈金曾说："俄罗斯！世界舞台的奇迹！哪个国家能赶上它的 1/20，或 1/50？"长久以来，西方观察家们更是对其充满敬畏。早在 16 世纪，欧洲人便胆战心惊地发现，俄国的领土超过了整个月球的表面面积。美国国安会首席俄罗斯问题顾问菲奥娜·希尔和布鲁金斯学会教授克利福德·加迪在合著的《西伯利亚咒语》中写道："无论俄罗斯发生什么情况，其幅员一直是其在这个世界上地位的象征。”即使是冷战失败，也没让俄罗斯接受“小伙伴”的地位，而西方将其视为“二流国家”的轻蔑则令二者之间的矛盾更加难解。

独特的地理条件也被认为是俄罗斯安全的重要屏障。辽阔的领土面积和恶劣的气候不止一次地挫败了外来入侵者。1812 年，法国皇帝拿破仑的军队虽然在短短 4 个月内几乎控制了俄罗斯帝国的心脏地区，但被漫长的行军、严酷的气候、糟糕的补给和巨大的消耗所拖累，最终铩羽而归。1941 年，德国法西斯以先发制人的突袭对苏联不宣而战，60 万德军进逼莫斯科时遭遇了当地数十年未遇之严寒，过长的战线令德军擅长的闪电战功亏一篑，苏军一举赢得莫斯科保卫战，不仅为日后赢得斯大林格勒战役埋下伏笔，更迎来卫国战争的最终胜利。国际政治理论大师汉斯·摩根索对此尖锐指出：“只要征服俄国的目标制定有误，并且毫无节制，那么对俄国领土的征服就会成为征服者的包袱而非资产。不是征服者在吞并领土并从中获取力量，而是领土在吞噬征服者，吞食其力量。”

独特的地理条件和广袤的土地同样意味着其财富之广。俄罗斯人自豪地宣称，其脚下埋藏着“门捷列夫元素表”中的所有物质：铁矿石蕴藏量 650 亿吨，居世界第一位；铝蕴藏量 4 亿吨，居世界第二位；铀矿蕴藏量占世界探明储量的 14%；黄金储量 1.42 万吨，居世界前五位；磷灰石占世界探明储量的 65%；镍

< 双头鹰雄视东西两边，代表俄罗斯是一个地跨亚欧两大洲的国家

蕴藏量1740万吨，占世界探明储量的30%；锡占世界探明储量的30%。此外，其非金属矿藏也极为丰富，石棉、石墨、云母、菱镁矿、刚玉、冰洲石、金刚石等储量及产量巨大，钾盐储量与加拿大并列世界首位。俄罗斯还拥有全球最大的森林储备和1/4的淡水湖泊，境内有300余万条大小河流。截至2019年，俄罗斯天然气、煤炭和石油储量分列世界第一、第二和第六位；当年产量分列世界第二、第六和第三位。俄罗斯资源特点可以概括为“全、好、多”三个字：全是指发展经济所需要的各种资源几乎应有尽有；多是指数量多，并达到惊人的程度；好是指资源品质好，并易于开采，可节省开采资金，投资效果又快又好。

然而“大也有大的难处”。独特的地理条件在给俄罗斯带来无限荣光的同时，也赋予了其相当脆弱的另外一面——催生了俄罗斯挥之不去的不安全感。

尽管缺乏天然障碍让俄国在北欧亚大陆的扩张如履平地，但时常变动、界定不清乃至千疮百孔的边界线也让其感到危险丛生。英国史学家杰弗里·霍斯金尖锐地指出：“俄罗斯是世界上领土面积最大同时也是最不稳定的帝国之一……它占据了入侵其他地区的有利地势，但也容易受到攻击。”更有人形象地将俄国的地理特征比喻为“没有护栏的婴儿车”。麦金德则认为，俄罗斯自古便被其他国土面积较小但军事力量强大的“中心地区”（如北欧维京人、波兰、奥斯曼、波斯和中国）所包围。千年来，俄罗斯不断受到来自西边、东边和南边其他民族的滋扰，边境地区“善变”的巴什基尔人、哥萨克人以及波兰人“有时候是忠诚的臣子，有时候是谨慎的盟友，但有时候也可能是不共戴天的仇敌”。这让俄罗斯精英们确信，本国始终处于不安全的境地之中，需要不断扩张和建立缓冲区才能确保自身安全，因而俄罗斯的千年历史便是以战继和、以和继战，以武力谋扩张和求发展的历史。据不完全统计，从1300年至今，沙俄、苏联以及俄罗斯先后进行了61次战争。自2000年普京总统执政以来，俄罗斯先后三次对外用兵：2008年“俄格（格鲁吉亚）五日战争”，之后承认阿布哈兹和南奥塞梯独立；2014年出兵克里米亚并一举将其兼并，还控制了乌克兰东部地区；2015年空袭叙利亚境内的“伊斯兰国”，强化其在中东的影响力。俄罗斯将控制足够大的地理范围视为具有决定意义和最直接的国家安全保障，并将地缘扩张作为民族生存与发展的重要手段。

由于俄罗斯的人口数量始终处于劣势，因此守卫如此广袤的疆域成了极其艰难的任务。几百年来，俄罗斯不得不竭力维系一支庞大的军队和高昂的军费。16—18世纪，俄罗斯将近乎一半的兵力部署在南方大草原的边防前线。19世纪，沙俄上百万人的常规军规模位居欧洲之首，主要驻守在边境或潜在的反叛地区。俄国维持整个军队的费用占到国家年收入的3/4。苏联时期，当局也始终保持着一支上百万人的常规军力量。尽管近十年俄罗斯GDP年均增速不足2%，但目前俄罗斯武装力量总人数仍维持在200万左右，其中现役军人超过100万，占全俄罗斯人口比例高达7‰。而美国该指标为4‰，中国仅为1‰。俄罗斯军费开支占GDP比例居世界前列，约占GDP的3%左右。瑞典斯德哥尔摩国际和平研究所的报告显示，2019年俄罗斯军费开支跻身全球第五名，较2018年增长4.5%，达到651亿美元。事实上，由于俄罗斯精英对这片辽阔土地根深蒂固的不安全感，“保安全”始终凌驾于“促发展”之上。

独特的地理条件是抵御入侵者的有力武器之一，但在机动和运输方面的困难对其自身而言又是一种巨大挑战，“克服远距离的挑战常常与对付敌人一样严峻”。1904—1905年俄日战争期间，由于跨西伯利亚大铁路建设尚未完工，俄国军队增援和物资供给极为困难。俄军总指挥库罗伯特金曾写信给沙皇诉苦道：“当我们需要皮大衣时，供夏天使用的雨衣才到，而皮大衣却是在需要雨衣时到达的。”特别是当俄国波罗的海舰队历经9个月航行30000千米，从母港竭尽全力赶往日本海时已然精疲力竭，在对马海峡被以逸待劳守在家门口的日本海军一举围歼，这一结局并不令人意外。同样，在第一次世界大战期间，尽管俄国西部地区的铁路网已经扩大，但仍无法满足从波罗的海至黑海西线战事的巨大需求。时至今日，尽管横跨欧亚的俄罗斯已经习惯性地将自己视为这片大陆的“桥梁”和“枢纽”，但遥远的距离、高昂的运输费用、低劣的基础设施质量等仍是该国交通运输的不利现状，并严重阻碍了俄罗斯政府在这一广袤领土上高效地推进任何经济项目。

这些特殊的地理条件对俄罗斯到底是好还是坏？对此，美国著名战略学者布热津斯基曾将俄罗斯比做“泥足巨人”，在拥有巨大地理幅员和丰富自然资源的同时，却也因而具有了难以克服的弱点。而对俄罗斯自身来说，在占有如此广袤领土和丰富自然资源的同时，如何克服地广人稀、严寒气候等不利条件，始终是摆在面前的重要课题。

两洋屏障能够保护美国吗

在当今世界大国中，美国的地理环境肯定是最好的，而这也是很多美国人一直引以为傲的。美国位于北美洲南部，东临大西洋，西濒太平洋，大部分领土处在暖温带和亚热带地区，气候适宜、物产丰富。由于东、西都有大洋保护，且在两次世界大战中远离欧亚主战场，因此其不仅没有受到战争破坏，反而坐收渔翁之利。

得天独厚的地理环境曾帮助美国脱颖而出。《论美国的民主》的作者、著名历史学家托克维尔指出：凭借天然两洋护卫，美国建国后得以与欧洲“旧世界”相隔离，在很大程度上避免了欧洲列强的军事干预，这也使美国能够专心自身事务，并不断发展壮大。从美洲自身的地理环境来看，美国是美洲唯一的强权，控制着北美大陆的核心，南北均为相对弱小的友好邻国。北部的加拿大拥有世界第二大国土面积，是美洲除美国外的唯一发达国家，与美国政治文化相近，长期以来一直是美的忠实盟友。但由于加拿大领土深入北极腹地，较少拥有自然通航河道，其绝大多数土地不适合发展农业甚至不适合人类居住，因此，全国人口仅3000多万。美国南部的主要邻国是墨西哥，人口仅为美国人口的1/3，经济总量不到美国的1/10，难以对美国形成真正意义上的地缘挑战。

在美国建国早期，远隔重洋的地理位置为美国建国和发展壮大提供了相对超脱的地缘环境，使得欧亚列强均无暇顾及美国的崛起。19世纪初称雄欧洲大陆的拿破仑就曾明确指出，法国所面临的主要对手和战争都在欧洲，美洲事务对法国的利益并不构成“直接而重要的影响”。由于没有其他大国掣肘，美国在从18世纪末到19世纪上半叶的短短数十年里，不断向南、向西扩张，从最初仅占有阿巴拉契亚山脉东侧狭长海岸的13州，扩张成横跨北美大陆东西两岸、同时濒临太平洋和大西洋的北美头号大国。

从1803年购买路易斯安那，到1812—1814年的英美第二次独立战争，再到1898年美国与西班牙爆发战争，美国仅用很小的代价，就获得了相当于其独立初期 3 倍多的土地。实际上，自独立战争之后，除 1812 年美英第二次独立战争外，美国本土几乎未受到任何大的外部军事入侵。即使是 1812 年的美英第二次独立战争，也仅仅涉及美国东北部地区，此后受制于和拿破仑法国的争霸战争，英国也很快重新向欧洲收缩。即便到今天，东西两大洋的区隔仍使美国不易受到其他大国常规力量的侵袭。对此，美国著名战略学者、《大国兴衰》的作者保罗·肯尼迪深刻指出：正是由于远离欧亚大陆纷争，美国才得以在一个多世纪里迅速发展成世界头号强国，并以此为基础迈出了向全球拓展影响的脚步。

然而任何事物都不是绝对的，美国所处的地理环境也不例外。同时，近现代以来全球化与高科技发展也在不断重塑着美国的国家安全环境。早在二战期间，时任美国总统罗斯福就曾明确指出：远隔重洋越来越不会给美国带来绝对的安全，相反，科学技术的发展正在使自然地理环境对国家安全的影响大为削弱。他认为，随着大型飞机以及航空母舰等新型运载工具的推广普及，历史上曾护卫美国的两大洋日益成为能被轻易跨越的通道，因此二战后的美国必须更多地从全球层面考虑和解决安全问题。罗斯福指出：“在一个更为紧密的世界里，单靠远隔重洋就能保护美国已成为幻想，孤立是不可能的，战略上的脆弱是美国必须面对的新现实。”美国前国务卿、著名战略家基辛格则在其代表作

《大外交》中进一步阐明了这一思想，他指出：当代美国所面对的安全问题将“越来越同世界其他地方相联系，美国必须从全球范围来考虑问题”，传统的“地理区隔早已不足以维护美国的国家安全”。

而2001年“9·11”事件的发生则更加凸显了全球化时代美国国家安全的脆弱性。美国国际问题专家、前国务院政策规划办公室主任理查德·哈斯指出：美国人在2001年9月11日首次深切地感受到“以美国的强大与地理环境的超脱并不能在这个全球化时代确保美国的安全”。时任美国总统小布什在“9·11”事件后发表的全国电视讲话中坦承，随着全球化和新科技的快速发展，美国的安全环境正在发生深刻变化，“地理位置已经不再能保证美国的本土、人口和基础设施免受直接攻击，美国必须重新确立新的安全范式”。实际上，根据美国国土安全部的统计，自“9·11”事件以来的近20年，美国民众因各种恐怖袭击造成的人员死亡数量已经远远超过了传统的国家间军事冲突的死亡人数。

进入 21 世纪的头 20 年以来，伴随全球化和新科技的发展，包括美国在内的国际社会正越来越多地面临各种新型安全挑战。一方面，随着全球化不断深化，全球公民社会与民众跨国交往日益扩大，以往美国国家安全所依赖的相对超脱的地理位置和边境划分也越来越难以成为国家安全的屏障。美国国土安全部统计显示，尽管特朗普上台后采取了边境筑墙等举措强化入境管控，但

^ 美国纽约「9·11」恐怖袭击遗址

2018 年仍有近亿人次的民众通过各种合法与非法渠道入境美国，自“伊斯兰国”覆灭后，估计至少有近千名恐怖分子回流美国，并随时可能对美国安全造成威胁。另一方面，气候变化、网络安全、大规模杀伤性武器扩散、难民，乃至跨国传染病等非传统安全挑战更是层出不穷，2020 年新冠肺炎疫情大暴发即为佐证；与传统安全挑战不同，这些新型安全挑战往往超出传统主权国家的治理范畴，各种非政府组织、跨国公司甚至个人都可能成为主权国家面临的重大安全挑战。正如美国前国家情报总监丹·科茨所指出的那样，随着高科技与全球化的发展，美国国家安全的脆弱性正在被不断放大，不仅气候变化等跨国挑战日益增多，同时各种非国家行为体和敌对国家对美国本土发动攻击的门槛也在降低，未来敌对组织甚至极端个体都可能利用网络攻击等非传统方式对美国国家安全造成严重伤害。

与此同时，远隔重洋也使二战后的历届美国政府始终担忧未来可能遭到欧亚大陆的孤立、封锁。早在冷战时期，美国著名地缘政治学家斯皮克曼就曾指出：美国地理位置上远离东半球和欧亚大陆，既可能为美国带来巨大的安全盈余和战略收益，也使美国容易遭到欧亚大陆的孤立、封锁。斯皮克曼在其代表作《边缘地带论》中指出：美国地理位置的特点是处在欧亚大陆的东西两端之间，二战期间德、日、意建立联盟使美国一度面临被包围的可能，未来若要避免这种危险态势，就要防止任何国家或国家联盟以优势力量出现在欧亚大陆两端。他还据此提出了“谁控制边缘地带，谁就统治欧亚大陆；谁统治欧亚大陆，谁就主宰世界”的论点。

1991 年苏联解体后，美国成为仅存的超级大国。对此，布热津斯基在《大棋局》一书中专门对美国全球地缘战略进行了系统的论述。他写道：随着欧亚大陆国家尤其是中国、印度、俄罗斯等新兴大国的崛起，相对超脱的地理位置反而可能成为美国维护霸权的负担，而确保对欧亚大陆的控制始终是实现全球霸权的关键。亚太与中国是布热津斯基关注的重点，冷战时期他曾将中国看作制衡苏联的“地缘战略棋子”，冷战后随着形势的变化，他修正和发展了自己的思想，认为从历史发展长河来看，中国成为地区和世界大国都是不可避免的，而中国的政策选择正在深刻影响着欧亚大陆和世界地缘政治形势。在布热津斯基看来，中国崛起所带来的最大地缘风险是中、俄、伊（朗）结成地缘同盟，甚至主导欧亚大陆未来走向，并因此使美国在地缘政治博弈中陷入被动甚至孤立地位。对此，他提出面对中国崛起，美国既要发展美中关系，更要加强同日本、韩国、澳大利亚等地区盟国，以及印度、东盟等潜在盟友的合作，以此来应对、制衡中国的崛起；认为要在更大的地缘范围内构建同盟和伙伴体系，牵制中国崛起。实际上，布热津斯基提出的许多思想和主张都被美国政府的“印太战略”所借鉴吸收。对于中国而言，如何在“百年未有之大变局”与加速走近世界舞台中央的大背景下，处理好同美国及周边国家的关系，摆脱传统地缘战略博弈中的“零和”思维，构建好自身崛起的地缘战略依托，也已成为难以回避的重大课题。

“地理决定论”的误区

人类依赖于地理环境，同时又改造着地理环境。要重视地理因素在国家发展和国际关系中的作用，但并非要将其夸大为社会发展的决定性力量，乃至陷入“地理决定论”的误区。

历史上曾存在过形形色色的“地理决定论”。从古代朴素的气候决定论，到近代政治地理学的决定论，“地理决定论”的思想经历了漫长而复杂的演化过程，其核心始终是强调地理环境对人的社会生活和国家发展的决定性影响。而对于“地理决定论”的争论与反思，也反映出人类对于客观世界和其主观能动性的不断深化。古希腊学者希罗多德第一次系统论述了人与地理环境的关系。古希腊“医学之父”希波克拉底指出：地理纬度对人种和民族特性的差异具有决定性的影响。进入近代以来，地理大发现极大鼓舞了人们对地理学的热情，也掀起了有关自然环境对人类行为影响的争论。16 世纪的法国思想家让·博丹提出：地理环境决定了民族性格、国家形式和社会进步。18 世纪法国启蒙思想家孟德斯鸠在其《论法的精神》一书中写道：地理环境对于一个民族的性格、风格、道德和精神面貌，以及其法律性质和政治制度具有决定性的影响。德国哲学家黑格尔认为在不同地理条件的国家里，社会关系和政治制度各不相同，其居民的性格也随地理条件而迥然各异。法国思想家伏尔泰、费弗尔等人则认为：自然环境为人类发展提供了诸多可能性，人类的发展往往是从中选择的结果。19 世纪末 20 世纪初，德国还出现了以拉采尔、豪斯霍费尔为代表的地缘政治学派，他们认为“生存空间”是国家最基本的需求，“国家有机体”的生长和发展有赖于“生存空间”

的获取，鼓吹“优等民族”有权建立“世界新秩序”，为德国法西斯向外扩张和侵略提供了理论根据。

应该说，历史上西方各色“地理决定论”在探索人类社会发展规律、打破宗教神学统治中曾发挥过一定的历史作用，但夸大了自然环境对社会生活和国家发展的影响，忽略了人在社会发展中的主观能动性。对此，恩格斯曾深刻地指出：在自然作用和人文现实之间，还存在着人类改造世界的主动、能动力量，而人类社会的发展恰恰就是超越各种客观束缚的过程。

实际上，近现代以来科学技术的飞速发展对旧有的地缘关系形成了革命性的冲击，特别是随着当代信息革命、经济全球化和地区经济一体化等因素的深入发展，人类对自然的依赖在逐渐减弱，对地理环境的超越与重塑愈发凸显。正如马克思在《资本论》中所指出的那样：手推磨产生的是封建经济形态，蒸汽机产生的是工业资产阶级经济形态，但它们都在一定程度上打破了既有的自然环境和社会条件的限制。科学技术作为牵动世界发展变化的“最强大的杠杆”，始终是在历史上起着推动作用的、革命性的力量。迄今为止，人类科技因素对地理环境的重塑大致有以下三次。

第一次发生在公元前 8 世纪到公元前 2 世纪的所谓“轴心时代”。这一时期畜牧业的大发展使马匹在远距离交通中大规模使用，大大促进了欧亚大陆内部的联系与互动，古代丝绸之路也由此应运而生。

在冷兵器时代，“马资于国用甚大”。马匹不但充当了战争机器，“防御之道，切在马军”“出师之要，全资马力”，而且是必不可少的交通运输工具和生产工具。在丝绸之路开通之后，东西方之间的交流日趋频繁。丝绸之路沟通了旧大陆上兴起的诸种文明，使分布在世界各个地区的不同人群，在持续不断的相互接触与碰撞中，逐步打破了原来相对孤立、封闭和分散的状态。

第二次发生在哥伦布航海大发现开启的工业时代。这一时期，不仅美洲新大陆被发现、开发，西欧国家对近代航海技术的大规模使用，也突破了中世纪时期一度因奥斯曼土耳其帝国兴起而被阻断的丝绸之路和欧亚交通。

15 世纪开启的地理大发现改变了世界版图和人类历史的发展轨迹。海路成本低、运量大，远非陆上丝绸之路可比。麦金德对此一针见血地指出：“海洋上的机动性，是大陆心脏地带马和骆驼的机动性的天然敌手。”随着西方力量初登美洲大陆，以及环非洲航线的开辟，葡萄牙、西班牙、荷兰和英国等大西洋强国比地中海国家获得了更广阔的地理空间，也积累了更多靠海外殖民掠夺的财富。随着工业革命的完成，欧美资本主义国家成为世界的加工厂，亚非拉地区则成为其原料产地和商品市场。对此，马克思指出：“这些工业所加工的，已经不是本地的原料，而是来自极其遥远的地区的原料；它们的产品不仅供本国消费，而且同时供世界各地消费。”

第三次则发生在20世纪60年代末迄今，互联网、卫星通信等现代科技的进步，再次使人类社会得以在更大规模上摆脱地理环境束缚，并在相当程度上重塑了世界地缘政治格局与国家安全环境。

正如德国战略学者克劳塞维茨所指出的：在冷兵器时代，距离、山脉、河流都可能是一个国家绝好的防御。而在热兵器时代，科学技术的发展已经使得距离的阻碍在一定程度上被克服，现代化的远程投送能力，海洋、陆地和天空交通工具的广泛运用几乎使它们失去了原来的地理屏障，因为现代化武器可以轻而易举地穿越一国甚至多国的领土。飞机的出现和现代通信技术的采用使天空的地位空前凸显出来，而当代航天科技的迅猛发展又使外太空在军事、经济、社会领域的价值日益彰显，这都对地缘政治产生了革命性的影响和冲击。可以说，现代科学技术已经改变了国家地理位置、国家间距离、国家地缘空间在国际政治范围内的意义。

参 考 文 献

1 [法] 费尔南·布罗代尔:《法兰西的特性》，商务印书馆 1994 年版。

2 [德] 黑格尔著，王造时译:《历史哲学》，上海书店出版社 2001 年版。

3 [法] 孟德斯鸠著，张雁深译:《论法的精神》，商务印书馆 1982 年版。

4 [德] 卡尔·豪斯霍费尔著，马勇、张培均译:《太平洋地缘政治学——地理与历史之间关系的研究》，华夏出版社 2019 年版。

5 《马克思恩格斯全集》(第 19 卷)，人民出版社 1972 年版。

6 杨士奇:《明仁宗实录》(卷 6)，上海古籍出版社 1983 年版。

7 王永平:《全球史视野下的古代丝绸之路》，《中央社会主义学院学报》2017 年第 6 期。

8 《马克思恩格斯选集》(第 1 卷)，人民出版社 1972 年版。

9 [法] 阿历克西·德·托克维尔著，董果良译:《论美国的民主》(上册)，商务印书馆 1988 年版。

10 [美] 索尔·伯纳德·科恩著，严春松译:《地缘政治学：国际关系的地理学》，上海社会科学出版社 2011 年版。

11 [美] 亨利·基辛格著，顾淑馨、林添贵译:《大外交》，海南人民出版社 1998 年版。

12 [美] 尼古拉斯·斯皮克曼著，林爽喆译:《边缘地带论》，石油工业出版社 2014 年版。

13 [美] 兹比格纽·布热津斯基著，上海国际问题研究所译:《美国的首要地位及其地缘战略》，上海人民出版社 1998 年版。

14 [德] 卡尔·冯·克劳塞维茨著，李哲译:《战争论》，中国画报出版社 2013 年版。

15 [美] 贾雷德·戴蒙德著，谢延光译:《枪炮、病菌与钢铁：人类社会的命运》，上海译文出版社 2016 年版。

3

第三章

疆域与国土安全

地理与国家安全之间最基础也是最根本的联系在于版图疆域，在于国土安全。疆域与国土安全可谓国家安全的根本，它既是一国安身立命的根本所在，也是其在世界舞台中的“立足之地”。古今中外，世界各国对疆域与国土安全均极为重视，与此同时各国的重视又各有特色，其表现或采取的措施也不尽相同，究其原因则是各自的地理环境和战略文化使然。

中国版图的地理奥秘

翻开谭其骧先生主编的《中国历史地图集》就会发现，中国古代不同时期的疆域虽大小不一，但各个统一王朝管辖的“地盘”却是高度重合的，其版图轮廓也大同小异，这一点与世界其他大国相比尤其明显。

中国历代王朝统治的疆域虽有差异，但其核心统治区域却相当稳定，都大体覆盖黄河、长江两大流域的农耕区，中国历史版图便是以此为基点时有变化。其中的奥秘，既和中国独特的地理环境不可分割，也和中国自古以来的知足自律、不尚对外扩张的传统战略文化密切相关。

中国位于亚洲大陆东部，东临大海，背靠高山大漠，拥有一个相对闭合的地理环境。早期的地理文献《尚书·禹贡》对此有过形象勾勒：“东渐于海，西被于流沙，朔南暨声教讫于四海。”从亚洲整体地势来看，则是以帕米尔高原为中心，向四周辐射形成了一系列的崇山峻岭：在其东南，由北支喀喇昆仑山—阿尔金山—祁连山和南支喜马拉雅山—横断山脉包围，形成了世界上最高、最大的青藏高原，平均海拔在 4000 米以上，构成中国西南方向的巨大天然屏障；在其东北，天山—阿尔泰山—萨彦岭—外兴安岭横亘在蒙古高原外围，成为中国西北和北方的一道天然城墙。上述两条源自亚洲中心的巨大山系，对地处亚欧大陆东端的中国形成“入”字型的包围之势。加之中国西南也是山峦连绵，澜沧江、金沙江、乌江等自峻岭峡谷中奔腾而下，山高水险且热带丛林瘴疠盛行，使得其在古代与中原的交往极为不便。这种独特的空间环境，既塑造了中国历代王朝的基本安全态势，又构成了中国历史版图相对稳定的地理基础。

按地理特征不同，中国大陆分为东部季风区、蒙（古）新（疆）高原、青藏高原三大自然区。青藏、蒙新两个高原形成了一个夹角，给予东部季风区一个结实的“后台”，使整个中国地形呈现倚山面海之势。三大自然区相互影响，共同塑造着中国历代的安全态势：其一，东部季风区是中国历朝政治经济中心与核心统治疆域，其北部是蒙新高原。长期以来，东部季风区受外敌入侵的最大威胁即来自北部，北方游牧民族相继建政崛起，依托蒙新高原对东部季风区形成俯冲压力。其二，东部季风区的西、南连接青藏高原，青藏高原天寒地冻，难以形成大规模人口聚集，限制了其政治经济发展，即使偶有扩张，如唐朝时的吐蕃政权，对东部季风区的威胁也不大。在历史和现实中，青藏高原主要是作为东部季风区的天险屏障，发挥着隔绝西南方向外敌来犯的作用。其三，东部季风区的东、南临海，在古代成为维护国家安全的天然屏障，偶有倭寇、海盗袭扰，威胁亦有限。但近代以来航海技术大幅改进，英国等西方列强与日本等新兴强国得以从海上入侵中国，海上威胁遂与陆上威胁并重，甚至后来居上、成为东部季风区的最大威胁。

中国疆域的历史沿革同样遵循着地理规律，疆域扩展经历了三个阶段：首先是黄河与长江流域两大农耕区的联合，基本覆盖了东部季风区，这两大农耕区也成为中国疆域的核心地域；其次是以中国北部、西部农牧交错带为基点的疆域伸缩，即东部季风区与蒙新高原、青藏高原的地理碰撞，也就是中原农耕主体民族与周边游牧少数民族之间的反复较量；最后是中国疆域突破北方农牧交错带，实现“三大自然区”的整合，进而构成了现代中国版图的“基本盘”。东部季风区的范围基本上就是秦朝和西汉前期的疆域，此后尽管局部有所扩展，如汉武帝开拓河西走廊，隋朝在新疆东部设置郡县，唐朝又设置安西都护府，但中原王朝的基本疆域，即设置正式行政区域以直接统治的“地盘”并无太大变化。元时这一格局曾有过改变，但明朝又退回到原来的范围，直到清朝才最终突破东部季风区的界限。清朝针对蒙古准噶尔部以及回部大小和卓的系列战役，拓展的地理空间大幅逾越了农牧交错带，推进到中亚草原的边缘。而在清朝之前，历朝对蒙新高原地区都没能实现持续而稳定的获取和统治，在其国力强盛时方能拓土西北，而国力衰微时便又退守农牧交错带。唯独清朝的一

< 中国陕西省榆林市米脂县黄土高原梯田

系列军事行动，把疆土延伸到中亚草原，稳定而持续地拥有了这片土地，并在光绪年间设置新疆省，使其与内地等同。

有趣的是，不同时期各民族之间的争雄抗衡，为什么总发生在今天的内蒙古西部、陕西北部、山西北部、宁夏、甘肃一带？决定和制约历代疆域伸缩变化的因素，除了政治与军事因素，还有地理因素。秦汉以来，中国国家安全的主题，实乃中原农耕民族与北方游牧民族的攻防战，上述战乱频仍之地即是农牧交错带。在农牧这两种截然不同的经济与生活方式分野的背后，有一条神奇的自然界线在发生作用——“400 毫米等降水线”。降水量制约着人类经济生活方式，400 毫米等降水线是农业生产需求雨量的底线，此线成为中国半湿润气候与干旱气候的分界线，它起于大兴安岭西坡，穿过松花江流域，沿西辽河上游、燕山山脉斜穿黄河河套，经黄河、长江上游和西北诸河流域，直抵雅鲁藏布江河谷。历史上，农耕民族及其中原王朝多次试图突破 400 毫米等降水线，但农耕生产方式向北最远只能扩展到这条线，因而中原王朝难以在草原地区建立起长期、有效的统治。而北方的草原游牧民族也曾南下突破 400 毫米等降水线后入主中原，但他们也会感到南方不适合发展畜牧业，因此最终要么重返草原，要么就地转化为农耕民族。因此，400 毫米等降水线以东的农耕区域，基本上也就是中国古代疆域的核心统治区。

如果说中国独特的地理环境构成了历代版图相对稳定的客观

条件，那么，知足自律、不尚对外扩张的中华传统战略文化则是其主观动因。现在我们常讲，“中国历史上没有扩张、侵略的基因”，这话是有其历史文化依据的。

中国古代长期以儒家思想为主导，儒家推崇的是王道，提倡内圣外王，主张仁政德治，强调内部治理而非向外扩张，他们在追求本国安全的同时，也兼顾道义原则，反对以大欺小、以强凌弱、以邻为壑，这一战略文化深刻影响了中国历代统治者的天下观、疆域观。秦、汉以来，黄河中下游、长江中下游和珠江流域的宜农区域基本上得到了开发，历朝历代都把广大农耕区即王朝的内部治理和稳定作为关注的重点，而非对外扩张疆域。主流的王道思想始终认为，“治安中国而四夷自服”，对外扩张用兵则是靡费国家、烦扰社会之举，即使占领了远方的土地，也于国家安全无益，徒增动荡和损耗。

例如，唐太宗李世民深刻汲取隋朝夭亡的教训，在对外使用武力与扩张的问题上克制谨慎。《贞观政要》记载，李世民多次申明：“兵者，凶器，不得已而用之。故汉光武云：‘每发一兵，不觉头须为白。’自古以来穷兵黩武，未有不亡者也”。他还明确表示：“前代帝王，好招来绝域，以求服远之名，无益于用而靡弊百姓。……劳百姓以取虚名，朕不为也。”其宰相张九龄同样认为：“王者务德，不来不强臣；霸者尚功，不伏不偃武，此劳逸异数，得失可名，故曰务广德者昌，务广地者亡。”君臣一心，都明确表达了广施德政、不再扩大版图的心迹。正是在这种战略文化的熏陶下，唐太宗至唐高宗时期，被大食进攻的波斯国屡次向大唐求救出兵，均被唐朝统治者以劳师远征不利百姓为由拒绝。

又如，明太祖朱元璋亦汲取元朝覆亡的教训，反对滥用武力扩张。当时退到漠北草原的蒙古贵族仍有较强的军事实力，其并不甘心失败，图谋来日卷土重来。为消除蒙古威胁，朱元璋从洪武三年（1370 年）开始，先后数次派军大举北征讨伐，但谋求的只是保境安民而非扩张疆域，并在取得一定胜利后即班师回朝，还一再申明对北部的边防是以守御为主。他说："御边之道，固当示以威武，尤必守以持重。来则御之，去则勿追，斯为上策。若专务穷兵，朕所不取。"总之，中原王朝的战略重点始终是确保长城以内广大农耕区域的安全，而不是向外扩张土地。

俄罗斯的领土执念

2012 年 7 月，时任俄罗斯总理梅德韦杰夫视察俄罗斯与日本的争议岛屿——南千岛群岛（日称"北方四岛"，包括国后岛、择捉岛、齿舞岛和色丹岛）。当他竭力克服恶劣天气影响，坚持从萨哈林岛飞抵库纳施尔岛（日称国后岛，距日本北海道不足 60

千米）时，一落地便语出惊人："俄罗斯虽大，但没有一寸土地是多余的"。梅德韦杰夫称，这些岛屿向来都是俄罗斯的领土，俄罗斯可以与日本开展经济合作，但主权问题免谈。

的确，国土面积第一大国俄罗斯幅员辽阔、疆域广袤，但似乎在领土问题上却格外"锱铢必较"，俄日关于南千岛群岛的领土争议就是典型例证。这四个岛屿的面积总共才不到5000平方千米，但由于地缘位置重要、自然资源丰富，近代以来一直就是俄日之间的争夺焦点。俄罗斯认定，该领土自二战以后已在法律上归属俄，多年以来拒不承认与日本存在领土争议，这成为横亘在俄日两国关系面前的一大障碍。近几年，俄罗斯在西方制裁与孤立的背景下着力"向东转"，为谋取政治经济利益加强与日本互动，双方决定加速推动和平条约谈判。日本媒体借机炒作20世纪60年代苏联曾同意"在缔结日苏和平条约之后向日本移交两岛"的提议，进而推测俄方或将就移交两岛与日方继续谈判，给人留下灵活处置的想象空间，日方这一举动招致俄方极为不满。2019年，俄外交部多次严正重申，日本承认"南千岛群岛"主权属于俄罗斯是缔结日俄和平条约的前提。普京也声称："尽管日本提出领土要求，但俄罗斯永远不会在南千岛群岛降下自己的国旗。"

俄罗斯对领土的执念不仅体现为对争议领土"锱铢必较"，还体现为对领土扩张的渴求。千年以来，扩张几乎伴随着该国发展的全部历史，正如俄国著名史学家克柳切夫斯基所说的：“俄国史是一个正在从事开拓的国家的历史。国内的开垦地区随着国家疆域的扩大而扩大着。数百年来的这种变动，时盛时衰，一直延续到我们现代。”与向远方殖民的西欧国家不同，俄国几乎是唯一靠蚕食周边获取领土的国家。西方学者甚至认为，俄国公民并没有向外迁居，反而是在对自己的国家进行“殖民”。辽阔的欧亚大草原就是俄国自己的“北美”。这片土地上的人民自从15世纪摆脱了蒙古240年的统治，不断吞并四周的莫斯科公国，到1533年便已统治了280万平方千米领土，而日益巩固的独裁制度和农奴制又进一步加速了俄国的扩张步伐。史学家指出，从15世纪中叶到19世纪末的400年间，俄国每天以80平方千米的速度向外扩张。伴随彼得大帝、叶卡捷琳娜二世和亚历山大一世等在波罗的海、高加索和中亚的斩获，以及哥萨克骑兵跨越乌拉尔山直到太平洋的扩张，在1900年前后，鼎盛时期的沙俄面积已是1533年时的8倍（2240万平方千米）。第二次世界大战后，苏联得以深入欧洲腹地，再次建立了包括整个东欧在内的庞大势力范围。尽管苏联解体后俄罗斯领土面积减少至苏联时期的76%，但其仍是世界上领土面积最大的国家。2014年，俄罗斯在乌克兰危机中果断出兵克里米亚，随后将克里米亚共和国和塞瓦斯托波尔市纳入了自己的版图。时至今日，俄罗斯仍以军事手段不断开疆拓土，此举令全世界瞠目结舌。这也恰恰印证了基辛格在《大外交》中所说的:“俄罗斯的向外扩张很少懂得适可而止，它几乎总是一个不断寻找机会的国家。”

俄罗斯的领土执念还体现在该国人民在祖国领土被践踏时，展现出的壮怀激越。1812 年，法国皇帝拿破仑率 60 余万东征大军入侵俄国，咄咄逼人的法军很快深入俄国内地，直取其心脏莫斯科。俄军屡遭失败，丧失大片国土。临危受命的库图佐夫将军命令俄军继续撤退，同时带走了所有粮食。当法军雄赳赳地攻入克里姆林宫时，莫斯科却被一场精心谋划的大火变成了焦土。法国士兵只能眼睁睁地看着他们的大部分粮草、枪械和住所化为灰烬。随着严冬的来临，法军补给严重吃紧，拿破仑不得不下令撤退，俄罗斯则逐步收复了国土。这次壮士断腕式的“焦土政策”，表明了俄国人不惜一切代价抵抗外敌入侵的决心。难怪拿破仑刚一抵达莫斯科，从麻雀山上俯瞰这座城市里华丽的宫殿和金色的穹顶时，便不禁惊问:“他们要放弃这一切吗？这不可能。”此后历史一再重演，1941 年 11 月，莫斯科保卫战进入最艰苦的阶段。扼守莫斯科西北方向的苏联第 316 步兵师 1075 团 5 连指导员克洛奇科夫，率领部下同几十辆德军坦克鏖战四个小时后身负重伤。在生命的最后时刻，他带着一捆手榴弹扑向德军坦克，喊出苏联卫国战争期间最著名的口号:“俄罗斯虽大，但我们已无路可退，我们的身后就是莫斯科。”最终，希特勒也未能反转当年拿破仑在莫斯科城下的厄运，背水一战的俄军不仅赢得了莫斯科保卫战的胜利，还迎来了卫国战争的最终胜利。

人们不禁要问，到底是什么造就了俄罗斯对领土如此强烈的“执念”？正如前面所述，平坦而缺乏天然屏障的地势、时常变动且千疮百孔的边界线以及相对弱势的人口规模催生了俄罗斯巨大的不安全感，对外界的恐惧和对自身安全的严重关切形成了俄罗斯“抢占地盘”的“初心”。有学者指出，近代以来欧洲各殖民帝国的扩张与俄罗斯帝国的扩张有根本的区别：西欧列强是海外殖民的经济或商业帝国，而俄罗斯则是一个以占领土地为主要目标的领土帝国，俄国几个世纪以来一直把俄罗斯民族的伟大同领土的占有等同起来；西欧各国主要采用经济手段，俄罗斯则采用军事手段；西欧各国扩张的动机是追求经济利益，而俄罗斯占领土地则是为了追求“绝对安全”。然而，持续攫取土地并没有给俄罗斯带来更多安全感，虽然坐拥辽阔的疆域，但稀少的人口、脆弱的边防和薄弱的治理进一步加剧了俄罗斯人心中的不安和警惕。

俄罗斯对领土的执念还在于一个“利”字。15—16世纪欧洲毛皮贸易的丰厚利润促使哥萨克人翻越乌拉尔山大规模捕猎毛皮兽和海兽，西伯利亚毛皮在俄国的原始积累中起到了相当重要的作用。随后几个世纪，对肥沃耕地和温暖出海口的不懈追求，裹挟着与列强争霸的野心，成为俄国进一步“西并东吞”的巨大动力。时至今日，无论是兼并克里米亚半岛，还是承认格鲁吉亚

< 俄罗斯首都莫斯科克里姆林宫

阿布哈兹和南奥塞梯独立；抑或是坚决捍卫南千岛群岛领土，或是积极申诉对北极大陆架和北极航道的主权，都暗含着俄罗斯对地缘政治博弈和经济利益的精心盘算。英国史学家霍斯金就此指出，（俄罗斯）就发展经济而言，国土扩张是比资本积累和技术创新更有效的手段，但技术创新往往也只能从国外引进。在俄罗斯人浓厚的领土和主权观念中，只要坐拥巨大的幅员，只要还有可开发的新土地，就等于拥有令人羡慕不已的大国荣光，亦即掌握着促进国家稳定与发展的主动权。

日本的岛国根性

日本是典型的岛国，四面环海，国土主要由 4 个大岛及数千个小岛构成，东西短窄，南北狭长，陆地总面积 37 万余平方千米。特殊的地理条件和环境孕育了日本民族特有的民族性格，也影响了日本的历史进程和国家安全战略选择。

纵观日本历史，国家的发展演进似乎总在设计国家战略的领导者预料和谋划之外。明治维新推动现代化取得巨大成功，使日本跻身列强，领导精英对外扩张、侵略之野心膨胀，推行军国主义，试图走“强兵富国”之路。然而错误的国家战略、军人集团的独断专行、被煽动起来的极端民族主义，以及接连失败的外交，使日本在错误的道路上越走越远，无法自主结束一场注定失败的战争，最终战败投降。但二战后，日本接受美国的占领，引进新的政治体制，“拥抱战败”，完成经济、社会转型，通过高速经济增长真正实现了“富国”，并且通过对外贸易、投资，确保了海外资源、能源和市场。可以说，日本没能通过对外军事扩张实现的目标，反而是在战败后通过接受战胜国的国家体制实现了。

事实上，日本历史上这样的事例并不罕见，甚至可以说是常态，最初的事例可以追溯到隋唐之前。日本先是加入东亚朝贡体系，向中国的王朝学习，吸收中国文化和建立中央集权体制的经验。待实力积累到一定程度，便试图摆脱被册封身份，力争取得与中国王朝平等的地位，甚至不惜以军事手段与中国一争高下。在这一背景下，公元663年，白村江之战在朝鲜半岛爆发，唐朝、新罗联军大胜日本、百济联军，在朝鲜半岛确立了以唐为主导的地区秩序，日本势力退出半岛，此后近一千年内未再进犯。此战也使日本认识到自身难以与中国王朝抗衡，进而虚心向中国学习治国理政之道，派出更多遣唐使，建立了战前想要实现的集权律令国家，国号也从“倭国”改为“日本”，“大王”改称“天皇”。这可以说是“通过战败实现发动战争前想要实现的目标”这一历史循环的第一个轮回。

日本历史上经历了数次“扩张—收缩”的周期，其“扩张”是主动的，反映出日本鲜明的民族特性，这些特性被称为“岛国根性”，即源于日本岛国地理属性而形成的民族心理和性格特征。日本自己定义“岛国根性”为“岛国特有的视野狭窄而封闭的性格”，其特点是封闭排外、狭隘固执、狂傲自大，不甘于生存在狭小的空间，要冲出小岛开拓疆域。日本史学家坂本太郎指出，“岛国根性的闭锁、排他的精神，就是从四面环海的地理环境中产生的，还由于岛国内部地形的孤立性而变得更为严重”。另有学者认为，不同于英国等岛国，日本人缺乏海洋民族所特有的冒险精神，可以说是被海洋隔离在孤岛上的农耕民族。由于农耕民族自给自足的特征，他们对于外部世界缺乏必要的关注和认同，因而造就了其自闭和非开放性特点。同时，因为可耕地面积狭小，并且自然灾害频发，又让他们始终怀着失去土地的不安以及扩张土地的梦想，从而造就了自卑和排外共存的“岛国根性”。

在全球化时代开启之前，一方面，海洋使岛国日本与大陆隔离开来，成为日本国家安全的天然屏障，使其免于受到来自大陆的侵略。也正是这种隔离造就了日本的所谓“岛国根性”，使其具有明显的对外扩张特征。另一方面，海洋有利于沟通也让日本人在现代化进程中开始面向世界，使日本从岛国发展成为海洋国家，具有了“通商国民”的气质。日本在明治维新之前就具有了发展海上力量的意识和想成为海洋国家的志向。明治维新以后，日本通过吸收西方的文明与技术，壮大了海上力量，并与海洋国家英国结盟，打败了作为大陆国家的俄国。然而随着日俄战争的胜利，日本将视野投向了大陆，这一举动使日本海洋国家的构想半途中落。二战结束后，日本再次确认了其作为海洋国家的身份，并重新以海权理论为指导，确立了“海洋立国”的国家战略。

二战后日本国家的总体战略是以吉田茂的“轻军备、重经济”的“贸易立国”路线而展开的，在这一路线指导下，海洋对日本来说主要是与他国通商交往的平台。20 世纪 60 年代，日本著名国际政治学者高坂正尧出版的《海洋国家日本的构想》一书，把对日本“海洋国家”的认识向前推进了一步，除倡导日本建立“海上通商国家”模式外，还将日本的未来定位在了对无限广阔海洋的开发上，此后开发和利用海洋资源便成为日本海洋战略中的重要内容。

进入21世纪以来，日本精英层基于改变“岛国根性”给国家发展带来的束缚，开始酝酿构建“海洋国家”的社会共识，目的是要以“海洋国家”身份在世界新秩序的构建中发挥作用，真正实现从岛国走向海洋国家。在此背景下，主张日美同盟为主的“海洋民主主义联邦”的观点兴盛起来，以大陆国家为战略对手、主张海洋国家联盟论成为日本战略界的主流。从地缘政治的角度来讲，日本对于海洋国家的定位，往往是相对于中国大陆的位置而言的，这直接导致日本的海洋战略具有将大陆国家作为战略对手、寻求与海洋国家结盟的战略指向。2006年，时任日本外相麻生太郎提出了“自由与繁荣之弧”的构想，主张把欧亚大陆外围的新兴民主主义国家联合起来，形成一条像纽带一样的“自由与繁荣之弧”。这一主张通常被解读为后小泉时代“价值观外交”的具体表现，也为日本以大陆国家为战略对手、构建海洋国家联盟的战略思想提供了注脚。

地理面积的狭小并未妨碍日本的大国雄心，相反，试图跻身大国、强国俱乐部的愿望因地理限制而更加强烈。尤其是近代以来，在甲午战争、日俄战争侥幸胜利的刺激下，逐渐形成了“日本民族优越论”这一观念。虽然二战后很少再有这种公开论调，但从近年来日本处理与其他东亚国家的关系，以及日本的国家安全战略中仍可隐约看到这种大国梦想和民族优越感的底色。同时，日本是讲求现实、注重实用的国家，地缘政治的战略思考，在国家战略塑造中占据着极其重要的位置。

从实现大国梦想的路径上看，对外结盟是日本维持安全的重要手段，也是其弥补实力差距、改变身份、获得“威望”的手段。可以说，整个20世纪见证了日本的“百年结盟”。当然，目前日本所依赖的美日同盟最初并非日本的主动选择，而是其与德、意结盟挑战国际秩序失败后被美国单方面占领的结果。但从日本对外结盟的历史逻辑来看，这也符合其与强者为伍、打压其他竞争者以获取更大利益的一贯做法。可以说，日本与美国结盟既有安全上的“权宜”考量，也有国家战略上的“长远”设计。

当前，日本判断美国仍将在一定时期内维持唯一超级大国的地位，中国实力上升但还不足以取代美国的地位。并且日本不情愿看到中国在地区事务中处于主导地位，将竭力阻止或延缓这一前景出现。日本前国家安保局局长谷内正太郎曾表示，“中国不具备领导世界的条件，原因除了中国本身面临的问题和不确定性外，最重要的是中国欠缺领导世界所需要的普适价值或理念，无法取代美国引领世界”。因此，对于日本而言，短期内比较务实的做法是，与美国一起尽量延缓中国影响力的增强、“规范”中国的行为。不过，这也取决于美国的战略意志和能力，在美国的战略意志和能力不确定性上升的情况下，日本也不得不为自己考虑“后路”。

可以预料，今后日本将在国家安全上更倾向于“两面下注”的策略。一方面加强美日同盟，并且更多强调自身在同盟中的作用，甚至在一些地区议题和机制上起到一定的引领作用，例如加强与美国“印太战略”的对接等；另一方面，为了应对美国的不确定性以及实现自身的大国梦想，日本将更加致力于摆脱“战后体制”，形成于己有利的国际法地位。同时加强自身防卫能力建设，为美国今后的衰落和中国的进一步崛起做准备。目前，安倍政权已经完成安保法制的修订，对日本对外军事行动的国内法制约已大为减弱，而保守的日本政府仍在谋求更大突破，例如修改和平宪法，以使日本在名义上真正摆脱“战后”，满足国民对大国尊严的需求。

“撕裂的土地”波兰

波兰地处欧洲中部，其鼎盛时期曾是整个欧洲屈指可数的强国。15 世纪末，雅盖隆家族统治下的波兰一度占据了整个欧洲大陆 1/3 的土地，辽阔的国土东抵莫斯科，西达维也纳，北起波罗的海沿岸，南至黑海和亚得里亚海之滨。1634 年其领土面积曾达 99 万平方千米，但如今波兰国土面积仅为 31 万平方千米，虽仍是中东欧地区最大的国家，不过其版图被整体西移，过去的附属地和联姻国已变成了立陶宛、白俄罗斯、乌克兰、摩尔多瓦、罗马尼亚、匈牙利、捷克和斯洛伐克等一众国家，境内还有一块俄罗斯的飞地——加里宁格勒如鲠在喉。教皇称其为“撕裂的土地”实不为过。

波兰是个典型的平原国家，其国名在斯拉夫语中意为“平原”或“平原之国”。全境地势平坦广阔，呈南高北低之势，从南部的喀尔巴阡山脉和苏台德高地一路往北，先后经过中央低地、湖泊区和波罗的海洼地，全国平均海拔只有 174 米，远低于欧洲 300 米的海拔均值，仅 3% 的地区海拔超过 500 米，最高峰雷瑟山高不足 2500 米。从飞机上俯瞰波兰，位于奥德河与维斯瓦河之间青翠的平原宛如一块绿色的地毯，绵延铺陈直至海边。

1942 年上映的美国喜剧电影《你逃我也逃》（To Be or Not to Be）中有一句经典台词称：“波兰就是欧洲的擦脚垫。”此话尽管语带戏谑，但亦直击要害。波兰地处欧洲东翼，是东西方文明交汇、交锋的必经之地，但其地一马平川，缺乏险关山隘，易攻难守，常受兵灾困扰。立沃尼亚战争（1557—1583 年）、波俄战争（1654—1667 年）、波兰与瑞典战争（1655—1660 年）、波土战争（1672—1699 年）以及囊括了波兰、俄罗斯、瑞典、奥地利、普鲁士多方混战的第三次北方战争（1700—1721 年），均发生在该地，不仅战争时间长，而且往往是一波未平一波又起，斗争交叉反复，其地被各方势力来回争夺。“长驱直入”是这一系列战争过程的共同特点，“占领华沙”则是描述此地战争结果的高频词汇。虽然对波兰而言，战争最后各有胜负，但本国领土作为主要战场，且战火绵延不绝，损失之惨烈不言而喻。这一地形态势决定的战场形势直至二战都未能改变。1939 年 9 月 1 日凌晨，纳粹德国发动入侵波兰的“闪击战”。德波国界线长达 1125 英里，波兰守军沿前线一字排开，在准备充分的德国人看来其防守却形同虚设。德军分别从东普鲁士、西里西亚和斯洛伐克突破防线，用钳形攻势围歼波军。德国坦克在波兰的平原上纵横驰骋，战机俯冲轰炸自由翱翔，9 月 7 日切掉“波兰走廊”，9 月 27 日占领华沙，10 月 2 日便攻陷波兰全境。历时仅 1 个月，复国尚不足 21 年的波兰就在德、苏的东西夹攻下再次倾覆。事实上，早在一战结束后不久，波兰尚在欢庆重生之际，美国作家房龙就在其地理游记中写道：“生活在这块土地上的农夫就像坐在中央火车站出口正中间的人一样，无法得到安宁和和平。”以上种种，皆因波兰处在一个“倒霉的地理位置”。

波兰历史上长期处于强邻环伺的地缘环境中。波兰属温带大陆性气候，受波罗的海海风影响，气候温和，雨量充沛，湖泊星罗棋布，土地肥沃，资源丰富，被喻为“欧洲的天府之国”。因其地美物博，气候宜居，造成了当地调整组织方式提高生产效率的积极性没那么迫切，反倒是各自为政、自由放纵的习性容易养成，进而引来强邻的觊觎与劫掠。

俄国是波兰人挥之不去的梦魇。自16世纪以来，俄波之间就长期处于交战状态。波兰人曾几度兵临甚至攻占莫斯科，并纵火焚掠，与俄结下世仇。俄国也将波兰视为其前出北海与波罗的海、南下黑海的牵制，更是西进欧洲争夺霸权的“绊脚石”。叶卡捷琳娜二世将肢解波兰视为毕生的追求，称“俄国给了我丰厚的嫁妆，我要用亚速、克里米亚和波兰回报它”。而崛起中的普鲁士军事实力和经济活力已超波兰，但其深知波兰领土、人口和财富远胜于己，只有瓦解波兰才能解除后顾之忧，尤其是将普鲁士和勃兰登堡之间的格但斯克收入囊中，进而占据波兰西北部的发达工业区。奥地利虽与波兰相对友好，还曾与其联手打败过奥斯曼帝国的进攻，但面对新领地的诱惑，特蕾莎女皇也表示，“我们不愿瓜分波兰，但倘若形势所迫，不得不如此，我们将会坚持获得我们应有的份额”。1772—1795年，俄、普、奥联手，前后三次肢解瓜分了波兰，直至第一次世界大战结束后波兰方才复国。但一战后波兰的独立不但没能摆脱不利的地缘环境，反而陷入更加错综复杂的地缘争端。波兰以“大而强”为目标，夺回了被瓜分前的大部分领土，但俄（后为苏联）、德极为不满，认为其“德不配位”，甚至时任英国首相劳合·乔治也宣称波兰的自由“不是来自自身努力，而是由于别人的流血”。因而波兰边境处于极不稳定的状态，最终再度被苏德联手瓜分。

时至今日，波兰对昔日国土屡被瓜分的梦魇仍心有余悸，对俄罗斯可能的入侵惴惴不安，对德国统领欧盟疑虑重重。这一困境正如房龙所言，“德国人仇恨波兰人，因为波兰人虽然是自己的罗马天主教兄弟，同时却还属于斯拉夫民族；俄国人瞧不起波兰人，因为他们虽然是自己的斯拉夫兄弟，却不是希腊天主教徒；土耳其人憎恨波兰人，因为波兰人既是天主教徒，又是斯拉夫人。”面对四周满是积怨疑虑的强邻，波兰人的日子确实不好过。

国际关系领域有句流传甚广的话，一流的国家是棋手，二流的国家是棋子，三流的国家是棋盘。波兰哲学教授沙夫指出，长

< 波兰首都华沙街景

期以来，波兰都是国际斗争的客体，从来没有当过主体。波兰从昔日的欧洲强国，沦为任人摆布的弱者，与其自身发展偏差有莫大干系。波兰长期实行贵族民主制，由贵族组成的两院制议会是最高权力机关，国王选立、法律颁布都须议会批准。贵族享有“自由否决权”，只要一个议员反对，议案就无法成立。从 1652 年到 1764 年，波兰共召开了 71 次议会，其中 42 次会议因议员行使否决权而夭折，国家机构几近瘫痪。不仅如此，波兰王位还被贵族私下买卖，价高者得，这使得波兰国王沦为笑柄。与此同时，由于波兰连年征战，农夫不事生产，专职打仗，城市不善经营，沦为堡垒，以致经济日渐萧条，社会发展滞后。而为了维护自身地位和权力，一些贵族甚至不惜勾结外敌、引狼入室，多次请来俄军镇压国内改革派民众，更是令人唏嘘不已。恰如梁启超在《波兰灭亡记》中所言：“波兰既内政不修，积弱滋甚，家有狐鼠，乃欲倚虎狼以自壮，乃至择肉以食，始相顾失色，无可为计。……不图自强而欲庇大国之宇下，藉他人之保护，呜呼！则足以速其亡而已。”

参考文献

1 顾颉刚、史念海:《中国疆域沿革史》,商务印书馆 2015 年版。

2 谭其骧主编:《简明中国历史地图集》,中国地图出版社 1991 年版。

3 葛剑雄:《统一与分裂:中国历史的启示》,香港中华书局 2018 年版。

4 韩茂莉:《中国历史地理十五讲》,北京大学出版社 2015 年版。

5 军事科学院战争理论和战略研究部编著:《安邦大略——中国历代国家安全战略思想论析》,军事科学出版社 2007 年版。

6 陈向阳:《中国睦邻外交:思想・实践・前瞻》,时事出版社 2004 年版。

7 张文江:《中国地理大势分析》,《学术月刊》1995 年第 3 期。

8 潘玉君、武友德:《地理历史学与中国历史进程的地理基础》,《云南师范大学学报(哲学社会科学版)》2005 年第 5 期。

9 [俄] 瓦・奥・克柳切夫斯基著,张草纫、浦允南译:《俄国史(第一卷)》,商务印书馆 2013 年版。

10 张昊琦:《俄罗斯帝国思想初探》,知识产权出版社 2012 年版。

11 [美] 基辛格:《大外交》,海南出版社 1997 年版。

12 [美] 兹比格纽・布热津斯基:《大棋局——美国的首要地位及其地缘战略》,上海人民出版社 2010 年版。

13 [美] 理查德・派普斯:《旧体制下的俄罗斯》,斯克里布纳出版社 1974 年版。

14 [英] 杰弗里・霍斯金:《俄罗斯史(第一卷)》,南方日报出版社 2013 年版。

4

第四章

气候与国家安全

黑格尔曾指出，“历史的真正舞台在温带”，寒带和热带“找不到世界历史民族的地盘”。言下之意，地处寒带和热带的民族不具备角逐世界的资格和能力。这位德国哲学家的话有些过于片面，事实上生活在极端气候下的民族也具有特殊的气质和才干，在争锋世界的过程中往往有其独到之处，如深耕冻土的俄罗斯就绝非世界舞台的普通看客，靠近赤道的印度也自视甚高。人们常说“一方水土养一方人”，那么，气候对一个民族的性格和国家安全究竟有哪些影响呢？而随着全球气候变暖，既有的国家安全环境和形态又将面临何种变数？

气候决定一切吗

古希腊“医学之父”希波克拉底曾断言，亚细亚人性格温和，不像欧罗巴人好战，主要原因在于当地气候比较均衡，没有剧烈的冷热变动，因而不会产生心灵上的震动和剧烈的生理变化。哲学家亚里士多德有句名言:“温和的土地产生温和的人物。”在他看来，气候可通过作用于人类心理，从而构建出民族性格。

文艺复兴时期，法国思想家博丹将赤道与北极间的土地划分为三个区域，即北方、南方及南北之间。他认为北方气候寒冷使人体魄强健，但人缺少才智；南方炎热致人体力不佳，但人机智精明；而居住在南北之间的民族既有北方民族的体魄，又具备南方民族的才智，因而创建了伟大卓越的帝国。

1728—1731 年，法国启蒙思想家孟德斯鸠进行了一段长达 4 年的欧洲之旅，意大利是其旅程的南端，英国则是北向的终点。在意大利，他对美轮美奂的建筑、浪漫迷人的聚会流连忘返，但烈日炎炎则让他沮丧难耐，更是嗅到了空气中的颓丧之气，他在给朋友的信中写道:“这座城市（威尼斯）只保留着名字，没有活力，没有商业，没有财富，没有法律，剩下的只有美其名曰自由的放荡。”在英国，他欣赏英国人的自由、平等与权力制衡，但对其寡言、冷面与狭隘则极尽嘲讽，大加挞伐，称：“要入乡随俗，在法国就是和所有人交朋友，在英国就是不要和任何人交朋友”，“从未见过一个民族如此不敏思索，还不如牲口，不知道什么对它好，什么对它不好”。孟德斯鸠的这段旅途经历为其代表作《论法的精神》积累了丰富的素材，意大利和英国的强烈反差则被深深地嵌进了其“气候决定论”。

在《论法的精神》一书中，孟德斯鸠用多个章节详细勾勒出天气影响人类性格的传导链条。他认为天气首先影响的是人类的组织纤维。严寒使人的纤维末梢收缩，弹性和力量增强，这有助血液回流心脏，令心脏有力跳动，人因此而精力充沛。而炎热则使纤维弹性和张力降低，血液回流与心脏活动较弱。人体机能的变化，促使人的性格有明显差异。心脏力量增强的一个必然结果是使人自信心增强，更有勇气，直率而少疑，不喜阴谋诡诈。气候闷热则使人虚弱庸懒，进而士气低落，自认无能，怯于任事。“人如果处在炎热地区，会表现出老人般的胆小怕事；如果处在寒冷地区，会表现出少年般的勇武。”

但与此同时，因严寒气候形成的较强纤维不能将精微物质传给神经液，皮肤组织因寒冷收缩，会使人感觉迟钝，疼痛感不强，所以，北方人虽人高马大，却缺乏机灵劲儿。在罗马时代，欧洲北部的人缺乏艺术、教育和法律的熏陶，至于俄罗斯人，则是“要令其觉得疼痛，就得把他们的皮剥下来”。南方人则因其所处地域气候炎热，人的神经末梢充分打开，感觉更为敏锐。

在孟德斯鸠看来，“气候王国才是一切王国的第一位”。其“气候决定论”集前人之大成，言之凿凿，趣味盎然，令无数后人为之折服。现代经济学家杰弗里·萨克斯强调，气候对工作努力程度和思想过程有直接影响，且热带疾病会危害人的健康，因此极大影响劳动生产率，从而有“热国固穷”之说。概言之，以孟德斯鸠为代表的“气候决定论”者们，主要从气候决定人本身的身体机能、心理特征、精神面貌及外在体型等方面入手，讨论其对政治、社会、经济及宗教信仰各方面政策的影响。但实际上，气候对民族性格与国家安全的影响不能被无限放大。

新加坡和巴拿马同属热带，但民族气质迥然不同；东柏林与西柏林仅一墙之隔，经济发展却天壤之别；巴基斯坦的信德省和印度的古吉拉特邦比邻而居，共享季风，却因分属不同民族信仰，从而城市发展出现代差。可见，将气候对个人身体的影响泛化为对整个社会发展的决定因素，是将复杂问题简单化，忽视了其他更广泛的社会要素的作用，也不能准确把握气候与民族集体性格特征间的关系。

气候影响人类社会、民族国家的主渠道是生产方式。马克思曾说过，“资本的祖国不在草木茂盛的热带，而是温带”，此话言近旨远。资本主义生产方式是建立在剥削劳动者剩余价值的基础上的，劳动生产率的提升是资本产生、壮大和狂欢的源泉，靠天吃饭、劳动生产率徘徊不前的地方则不利于资本发展。换句话讲，温带比热带更能够提高劳动生产率，在产生资本主义的自然条件上更胜一筹。从这个意义上讲，气候能影响生产力，从而影响生产关系和社会模式。正如俄国思想家普列汉诺夫所说的："气候和土地对人的影响不是直接的，而是间接的。"

与此同时，人类不会甘当气候的奴隶，改造自然和组织生产是人类的拿手好戏。"气候决定论"者忽视了人类社会、民族意识对地理气候的反作用。事实上，在全球化的当代，随着各民族之间的交往、交融更趋密切，民族性格亦将更加复杂化、多元化，人类反过来调节影响地区气候的手段也层出不穷，小至冰箱、空调、电暖气，大如退耕还林、人工造雨，无不彰显着人类的智慧与力量。因此，分析民族的性格特征及其相应的国家安全观念与战略文化，气候因素只是其中的必要条件，而非充分条件。

"季风民族"印度

印度人不喜欢英国首相丘吉尔，因为他曾说印度仅是一个地理学上的术语，"就好比赤道不是一个统一的国家"。不过，丘吉尔也说出了一个事实，即气候对印度民族的文化演变、内部发展和国家命运都产生了深远的影响。印度坐落在印度洋畔，是典型的季风气候。季风冬季从东北吹往西南，带走热浪；夏季则掉头转向，刮来湿气，形成了独特的大洋闭环，每年更迭，时令分明。

季风将来而未来时的印度是异常炎热的。印度大部分地区地处热带和亚热带，冬季全国平均气温达 21℃，夏季全国平均温度超过 35℃。可以说，炎热是印度的基本气候属性。

炎热深刻影响着印度的民族性格。“舒适因静止而生，痛苦因活动而至”。或许因为最好的解暑办法就是减少运动、寡淡娴静，所以印度人往往给人以温和宽容的印象，即便是轰轰烈烈的民族独立运动，印度也采取了“非暴力不合作”的方式。然而，当宽容蜕变为对征服者的包容时，则将会促使征服者跨过国家安全的界线。1947 年 8 月，尼赫鲁出任印度独立后的首任总理。他邀请英国文官们一起喝茶，阅读其递交的工作简报，甚至说服了英国驻印最后一任总督蒙巴顿留任一年。在全球殖民地独立运动风起云涌的浪尖上，殖民者和被殖民者之间如此“相敬如宾”可谓世所罕见。印度有一句谚语，“谁又在乎是罗摩统治还是拉瓦纳统治”。在印度教神话中，罗摩是大神和英雄，而拉瓦纳则是恶魔，这句话的意思是，无论谁来统治这块天地，印度人都会不以为意地自在生活。可以想见，建构在如此民族心态上的国家安全，犹如沙丘上的城堡，即便修筑得再完美无缺、美轮美奂，也存在顷刻垮塌的危险。对此，马克思曾痛心地批评道：“他们

（印度人）把自己的全部注意力集中在一块小得可怜的土地上，静静地看着整个帝国的崩溃、各种难以形容的残暴行为和大城市的居民被屠杀，就像观看自然现象那样无动于衷；至于他们自己，只要某个侵略者肯来照顾他们一下，他们就成为这个侵略者的无可奈何的俘虏。”

印度人组织动员力量羸弱与炎热的天气不无关系。印度气候炎热潮湿，丛林里基本生活必需品可轻易取得，自远古时代以来就适合人类居存，也因此不断吸引着外来种族前来谋生。绝大多数印度人离开中央政府大可不必担心温饱问题，大小列国也不需要中央集权来调配资源就能自给自足。印度迄今仍有 100 多个民族和 500 余部族，其最大民族印度斯坦族的人口始终未超过全国人口半数（最多为 46%）。因为其国内民族宗教不同，语言习俗各异，军队甚至只能按照民族和宗教编组，因此在作战时心存隔阂，各自为战、首尾不接、顾此失彼的案例比比皆是，严重削弱了印军的战斗力。

热则思静，静则好思。酷热的天气、茂密的森林以及北部的高山峻岭，为印度思想家提供了绝佳的冥想静修之地，也使印度成为世界上宗教文化最为繁杂的土地。对于大多数印度人而言，要紧的是宗教而非政治，是灵魂而非躯体，是无数的来生而非暂驻的今天。宗教深植于印度国民骨血，在对神圣性的思索中，印度不自觉地为自己戴上了神圣不凡的“光环”，确立了“天命论”

的战略思想。

“天命论”是印度国家安全战略思想的逻辑起点。从尼赫鲁做“有声有色的大国”论，到瓦杰帕伊的“印度大放光芒行动”，印度人不断向“印度世纪”的目标发起冲击。印度精英认为，印度与生俱来在国际上拥有“一等大国”的地位，而非需要后天争取或者他国恩赐。

这一心态的形成得到了季风气候的支撑。印度的土地在季风的滋润下温润而富饶。喜马拉雅山脉挡住了北方冷空气的南下侵袭，也留住了印度洋季风中充沛的水汽。炎热和潮湿合力赋予了印度诸多作物生长所需的能量。印度国土面积虽不及中国 1/3，但可耕地面积达 1.7 亿多公顷，占国土面积比例达 54.4%，一年三熟的土地比比皆是，近年来已成为世界头号大米出口国，糖产量也跃居世界首位。

哺养土地的季风使印度人滋生了优越感，季风驱动下的贸易圈幻化出印度人的中心论。精明老道的印度洋水手早已捕捉到大洋的气流特征，出海船只需顺风而驶，即可行得既快又远；观风返程，亦能以同样的速度回到家乡。因为季风，印度洋区域早在蒸汽时代之前，就有了远行的动力，并已形成联动的杠杆，隐隐呈现出规模不大但关系密切的小圈子。而印度是这条贸易线上重要的一环。历史学家爱德华·吉本写道：每年“大约到了夏至日的时候”，一支罗马商业舰队在季风的帮助下从埃及经由阿拉伯海到达印度西南部的马拉巴尔海岸；冬季，在季风转向后又满载着丝绸、宝石、木材、象牙、异国的动物和乳香之类的香料返回埃及。时至今日，印度仍难以忘怀这份手握贸易圈的荣耀。印度总理莫迪担任古吉拉特邦首席部长时就曾豪言，“古吉拉特将成为连接东西的中心点，连接从非洲到印尼的广大区域”。

季风在一定程度上滋养了印度人的“天命论”，给予了屡遭外族征服的印度民族精神慰藉和冥想的空间，也指引着印度参与现代世界体系的博弈建构。如果说炎热代表着传统的印度——柔弱而缺乏血性、空谈不绝却实干不足，那么季风则昭示着印度的未来——生机盎然、野心勃勃。在炎热和季风交替洗礼下，印度人自负、善思、好辩，但又服膺天命，国风民俗别具一格。印度战略家多有不甘安居一隅者，他们睥睨天下，欲支配印度洋，逐鹿全世界，但印度人多喜静恶动，说多干少，神强民弱，就像炎热和季风在这块大陆上循环往复那样，印度欲效南亚猛虎下山，但又像迟缓的大象迈着沉重的脚步，其安全文化在想象和现实之间左摇右摆。

苔原地带的“战斗民族”

俄罗斯大部分地区位于北纬 50 度以北，年平均气温为 -5.5℃，其北部处于北极圈和北冰洋之间的冻土带，常年冰雪覆盖，除了苔藓和地衣外寸草不生，西伯利亚和远东则深陷大陆性气候，远离海洋，处处冰湖雪林，四季如冬。

与严寒的气候搏斗，已深深地写入俄罗斯民族的文化基因，也因此造就了俄罗斯人粗犷的体魄、如火的心灵、敏捷的智识，塑造了其战天斗地的民族性格，也养成了其“今朝有酒今朝醉”的狂热习性。以上种种特点对其国家安全的影响而言，或者迎来热情似火、坚韧有力的支持，或者遭遇冷酷无情、鲁莽暴烈的反击，永远面对着冰与火的考验和选择。

严寒提升了俄罗斯人民对集体主义的信仰和爱国主义的情怀。普京在《千年之交的俄罗斯》中称，“在俄罗斯，集体活动向来重于个人活动”。而这种集体主义精神则是在风刀霜剑之下，常年累月的同分担、共劳动中形成的。北部高纬度地区农作物生长季节很短，土地冰冻期长达 5—6 个月。西欧农民每年有 8—9 个月的耕作时间，而俄罗斯人的耕作时间仅有 125 天左右。在短时间内完成艰苦的田间劳作，人们需要相互照应才能确保收成。俄罗斯史学家菲利普·朗沃思写道，俄罗斯的极度高寒，似乎正是这个民族“能够承受苦难，普遍具备集体主义意识，甚至愿意为共同利益牺牲个人”的原因。从集体主义中升华出的爱国主义情怀更是国家安全的可靠依持。俄罗斯谚语说，“独夫不成兵”，“大家在一起，死也不足惧”。俄罗斯人对国家的爱深沉而热烈，普希金、列夫·托尔斯泰、高尔基等文豪创作出的众多文学作品无不洋溢着浓烈的爱国情怀。美国“棱镜门”事件爆发后，俄罗斯虽然甘冒与美国翻脸的危险收留了斯诺登，但普京亦公开表示，斯诺登的行为不是一个爱国者的表现。

寒冷的气候养成了俄罗斯人坚韧不拔的品质，而顽强的战斗精神则创造了诸多彪炳史册的战例。俄罗斯历史学家伊里因曾说过:“谁要是经历过有时候连着刮几天的俄罗斯的暴风雪,谁要是赶上过俄罗斯雨雪交加的寒冷天气,他就会清楚地知道俄罗斯人如此坚韧不拔的性格来自何方。”忍耐和坚毅是俄罗斯民族性格中不可分割的一部分。在俄罗斯严酷的自然环境下，只有不屈不挠的顽强生命才可能生存。莫斯科是一个多灾多难的城市，早在1517年，蒙古人就长驱直入，火烧莫斯科。1812年，拿破仑大军再次直捣莫斯科，又一次放火将其焚毁。第二次世界大战中，莫斯科保卫战炮火连绵近百日，莫斯科城近乎被炸成废墟，但在其民众奋力抗击下，最终迎来了胜利，粉碎了法西斯德军“闪电战”战无不胜的神话。

达观勇敢是面对酷寒时获取精神安宁的必然选择，也是俄罗斯国家安全文化中不可或缺的组成部分。面对终年积雪与坚冰不化的自然环境，俄罗斯人选择了接受和通达。俄罗斯有首著名的歌吟唱道:“大自然没有坏天气,风霜雨雪都是上帝的赐予。”达观的背后是豪情万丈的勇气。哲学家别尔嘉耶夫说，“俄罗斯民族始终有能力表现出很强的男子汉气魄”，“他们身上有勇士的气质”。俄罗斯人无惧牺牲，在卫国战争初期，斯大林的儿子亚可夫就曾被德军俘虏，后来德军提出以亚可夫换回德军元帅，却被斯大林断然拒绝，亚可夫最终牺牲在了纳粹集中营。小布什总统曾因俄罗斯和格鲁吉亚的争端在会见普京时恫吓称“萨卡什维利是很冲动的”，普京总统当即强硬回应“我更冲动”。有人谈及俄罗斯人的性格时，曾做过一个有趣的比较：中国人改革是“摸着石头过河”，但如果是俄罗斯人遇到前面的这条河，多半会一个猛子扎下去，或者马上成功，或者碰得头破血流。这一比较生动地揭示了俄罗斯人果敢却不计后果的性格特点，俄罗斯人珍视稍纵即逝的时间窗口，会迅速勇敢地抓住眼前收获的机会，哪怕需要付出惨痛的代价也在所不惜。况且，还有什么比漫长的严冬更令人难以忍耐克服的呢？

俄罗斯人并不讨厌被人称为“北极熊”，北极熊在俄罗斯人心目中是勇猛和力量的象征，现执政党——统一俄罗斯党的旗帜上就有一头闲庭信步的北极熊。然而，最早将俄罗斯人比作北极熊的是 18 世纪的文学作品，它代表的是来自酷寒地带的野蛮、贪婪和懒惰。

俄罗斯的寒冬漫长，千里冰封，夜长昼短，无法进行户外劳作，俄罗斯人会像北极熊那样躲起来“猫冬”。无所事事的冬季养成了俄罗斯人的恶习，其懒散和依赖性是出了名的。由于寒冷造成土地低产，俄罗斯的地主们都尽其所能地去控制尽可能广阔的土地，因此导致了农民逐渐形成人身依附关系、积极性不足，干活缺少主动性。俄罗斯人习惯了与不幸为伴，也为其放任自流的做法找到充足的理由。俄前总理切尔诺梅尔金就曾说过：“我们竭尽所能，但结果和平常没什么两样。”忧郁和狂欢成了俄罗斯民族性格的代表。俄罗斯人酗酒远近闻名，他们喜欢大容量、高烈度的伏特加，且饮酒毫无节制，喜一醉方休。这样明显的民族性格漏洞一则常常会喝酒误事，影响正常的劳动秩序；二则极易为对手所趁，成为敌人攻击的弱点。但俄罗斯人却不以为意，俄罗斯甚至有句谚语说：“伏特加毁掉的是整个民族，个人不必为此担忧。”

性格暴躁、好走极端是外界对俄罗斯人的另一深刻印象。有人分析说，生活在严寒地区的人们需要较多的热量来抵御严寒，故而肉食量比较大，分解肾上腺素较多，可升高血压，大脑皮层缺少控制情感区域的能力，因而人们性格暴躁、易怒，易走极端。阿·托尔斯泰曾用一首短诗惟妙惟肖地刻画了俄罗斯人这一性格特征：“爱则昏天黑地，胁则声色俱厉，骂则狗血喷头，斥则怒目圆睁，争则面红耳赤，罚则心狠手辣，恕则真心诚意，吃则酒菜满席。”爱走极端的民族性格也会影响政府的政策选择，例如俄罗斯为其经济改革选择的“休克疗法”。尚武精神则是极端情绪的终极体现，俄罗斯人从不掩饰对武力赤裸裸的炫耀。普京说过，“俄罗斯只有两个盟友，一个是陆军，一个是海军。”2014年，当乌克兰危机愈演愈烈之际，俄罗斯毫不犹豫地“动手夺回”了克里米亚，这在俄罗斯看来是当时唯一正确的选择。以上种种可见，在可以预见的未来，军事仍将是支撑俄罗斯大国地位的重要支柱，也是其在国际社会斗名远播的名片。

有学者断言，严寒是俄罗斯最重要的战略资源之一。诚然，残酷的冬天能够逼退对手，但赶不走在这块土地上生活的人民。严寒气候与俄罗斯大地上的人民已紧紧地结合在一起，构成了俄罗斯坚实的安全屏障。

气候变化重塑国家安全

人类步入21世纪的第三个十年，全球气候变暖的警报频频响起。“欧盟气候监测系统”报告称，2020年1月是全球有记录以来最热的1月份，欧洲在该月的气温比1981—2010年的平均温度高出3℃。除此之外，冬天的俄罗斯全境、美国大部分地区、加拿大东部、日本和澳大利亚等地，也出现了高于平均水平的异常温升。十年前人们在讨论气候变化的时候，认为其还只是遥远的未来，如果说气候变化影响国家安全，很多人可能会说这只是电影里的夸张情节。然而时至今日，气候变化带来的威胁已经成为现实，它将持续冲击人们的安全观，深刻重塑国家与国际安全态势。

地球“发烧”使得印度应对气候变化的热情逐渐升温。事实上，印度是世界上对气候变化最为敏感的国家之一。印度背靠“第三极”，即以青藏高原和喜马拉雅山脉为中心的高山地区，该地区拥有地球上除南、北极外最大的冰储量，是印度河、布拉马普特拉河等河流系统的发源地。全球变暖加剧了“第三极”冰雪融化，长期来看以冰川融水补给为主的河流将面临干涸的威胁，印度与巴基斯坦、孟加拉国围绕水坝建设、水资源分配等问题矛盾日趋白热化。而“第三极”地区冰雪量减少，也使得印度季风的压力梯度产生变化，当季风不再守时和卖力时，印度遭遇的干旱和灾害天气便会日益频繁。在“2020 年全球气候风险指数”中，印度高居受气候变化影响最大国家的第五位，2018 年其因极端天气致死人数高达 2081 人，经济损失超过 378 亿美元，在年度损害排行榜中分居首位和次席。面对气候变化，印度还面临双重重大风险：一是印度迄今仍有 7 亿人口以农业为生，面对不稳定的气候十分脆弱；二是印度有近 7500 千米海岸线，众多城市沿海而立，其中不少是重要的经济中心和主要港口，其海拔极低，一旦海平面上升后果不堪设想。印度一向坚持气候变化问题是发展问题，对自己人均碳排放量仅为欧美零头，却要共同分摊减排成本愤懑不已。如今面对气候变化带来的现实威胁，印度的气候政策也开始松动，明确提出要统筹考虑环境保护、能源安全和气候变化，不再简单地将承担减排任务等同于限制经济发展。2020 年 3 月，印度集结 40 余个官方机构、非政府组织、基金会、国际组织，组建了印度气候协作联盟，以策划全面应对气候问题。

地球变暖使北极航道逐渐成形，俄罗斯因而获得了新的战略机遇。2018 年北极地区的气温达到历史第二高值，变暖的速度几乎是全球其他地区的 2 倍，尤其是在俄罗斯北冰洋沿岸、白令海峡以北地区，出现了非常惊人的变暖趋势。气候变暖导致北极冰盖不断消融，近 40 年来这一趋势愈发明显。北极冰盖的加速融化使得北极通航的条件逐渐成熟，丹麦哥本哈根商学院保守预测，到 2040 年北极航道就可以投入商业使用。北极新航道的出现使得大国围绕北极的地缘政治博弈明显加剧，俄罗斯凭借其地缘优势抢占先机。2020 年 3 月，普京签署政令，批准《2035 年前俄罗斯联邦北极国家基本政策》，不仅透露其已在北极地区构建了强大的军事力量，而且提出了社会经济发展规划，将加速极地的经营开发。气候变暖夺走了北极熊脚下不少的冰盖，却让俄罗斯这头“北极熊”发现了世界地缘政治的新热点与制高点。不过觊觎北极航道的可不止俄罗斯一国，美国国防部新版《北极战略报告》宣称要在战略竞争时代保护美国在北极的国家安全和利益，美国国务院已于 2020 年在格陵兰岛首府努克设立领事馆，作为拓展当地利益的有效平台。北极正在进入“战略竞争时代”，

“熊”“鹰”相争恐在所难免。

因全球变暖而受威胁最严重的国家是点缀在大洋上的小岛国，海平面上升将使其面临“灭顶之灾”。基里巴斯，这个被称为“世界尽头”的西太平洋岛国，是地球上最早迎接日出的地方，也是与世隔绝的一方净土。基里巴斯共有 10 万人，居住在 33 个大小岛屿上，气候变化带来的海平面上升正让这个世外桃源面临空前挑战。2014 年，基里巴斯与邻国斐济签订协议，斥资 830 万美元在斐济瓦努阿岛购置一片面积大约 24 平方千米的林地，以便不得已时“举国搬迁”。太平洋上另外一个岛国图瓦卢，在 2000 年 2 月遭遇了一场有史以来浪峰最高的潮水，几乎完全吞没了 9 个珊瑚礁上的所有居民。自此以后，这个人口仅 1.2 万的小岛国开始关注全球气候变化，并不断向世界发布有关地球环境恶化的求救信号。图瓦卢政府还向新西兰政府发出请求，希望其能够接受 3000 名图瓦卢居民前往定居。政府部长帕那帕西·尼里索诺写道：“当岛屿彻底淹没后，我们总不能成为一个坐在船上的国家，漂流在海面上，徒劳地期待海水退下去，再等待我们的小岛重新浮出水面吧？”事实上，除基里巴斯、图瓦卢外，马尔代夫、瑙鲁、西萨摩亚等国也可能步其后尘，被不断上升的海水淹没。

对地球“体温计”每一次刻度变化都心急如焚的还有一个地区，那就是欧洲。在全球变暖面前，欧洲的生态系统不像极寒或极热地区所受影响那般大，也不像小岛国那般脆弱，而是具有较强的经济实力和应对经验。但自 20 世纪中期起，欧洲环保运动高潮迭起，以环保为议题的政党——绿党群体性崛起，欧洲民众深受环保理念洗礼，对气候变化尤为敏感。根据欧盟民调机构“欧洲晴雨表”调查显示，近十余年来，气变议题长期位居欧洲民众关心问题的前列。2019 年，瑞典“环保少女”格蕾塔·通贝里“横空出世”，成为全球青少年环保运动的先锋人物，在全欧乃至全球掀起了关于气变的热烈讨论。因此，气变议题是欧洲政治家的天然扩音器，是其唤起、吸引乃至转移民众注意力的绝佳武器，也是其执政必答题。气变还意味着庞大的产业转型，据

< 澳大利亚森林大火

估算，单单新能源就孕育着近2万亿美元的新市场，这是每一个欧洲基金经理都必须关注的题材，一旦其产品贴上“绿色”标签，在欧洲市场上不仅能抬高产品的价格，还能获得银行贷款的青睐。气变议题也是欧洲参加“国际舞会”心仪的“晚礼服”，欧洲人最早制定碳交易规则并建立了相应的市场，在世界气候变化大会上，欧洲人是当仁不让的主角之一，作为未来数年应对气变最重要的国际协定被打上了“巴黎”的标签，“碳中和”“零排放”等一个个新名词记载了欧洲人对应对气变词汇库的贡献。可以说，气变是欧洲人在国际社会不容褫夺的话语权。

气候变化在欧洲炙手可热，2019年的牛津词典公布了新的年度词汇——“气候紧急状态”。科学家认为，气候变化一旦突破临界点，将打破生态平衡，危及动植物生存，破坏生物多样性并对地球上的水资源、能源、碳和其他元素循环产生复杂而深远的负面影响。联合国政府间气候变化专门委员会（IPCC）2018年警告称，这一临界点即是气温上升突破1.5℃。人类和地球正在加速迈向“气候紧急状态”，海洋热浪导致大量珊瑚白化，北极的寒带森林变得越来越脆弱。气候变化接近临界点，加剧了对各国安全的现有威胁，并有可能破坏国家的正常运转，威胁关键基础设施，大量人口将被迫成为“气候移民”，并导致更多的自然和人道主义灾难。而在欧洲人看来，是否构成安全问题并不取决于危机起源地的远近，如果该危机具有全球性，那么国家与该危机起源地之间的距离则等同于零。因此，在欧洲人眼中，气候变化问题是关涉自身并关系到人类命运的典型安全问题。

然而，2019 年底改到马德里召开的第二十五届联合国气候变化大会没能凝聚起全球进一步行动的政治共识，世界共同应对气变的步伐难以协调一致。实际上，气候安全是一项集体安全问题，尽管每个国家和民族在某一时段受到气候变化的影响可能不尽相同，甚至还可能从中短期获益，但是从长时段看，地球持续升温将对人类造成极大的困扰。慕尼黑安全会议发布的《2020 年世界气候安全报告》指出，气候变化比以往任何时候都突出，将对全球安全环境、基础设施和机构等构成重大且不断发展的威胁，正在给 21 世纪的地缘战略格局带来前所未有的变化。地球进入“气候紧急状态”的警报已经拉响，气候变化对世界安全带来的大变局正在来临，生活在地球上的任何一个国家、地区、个人都将受到影响，应对气变迫切需要人类社会集体的智慧与共同的行动。

参 考 文 献

1 ［法］孟德斯鸠著，许明龙译：《论法的精神》，商务印书馆 2009 年版。

2 ［美］罗伯特・卡普兰著，吴兆礼、毛悦译：《季风：印度洋与美国权力的未来》，社会科学文献出版社 2013 年版。

3 UN Environment Programme: Emissions Gap Report 2019, November 26, 2019, https://www.unenvironment.org/resources/emissions-gap-report-2019.

4 IPCC: Global Warming of 1.5 °C, https://www.ipcc.ch/sr15/.

5 WHO Health and Climate Change Survey Report: Tracking Global Progress. 2019-12-3, https://www.who.int/globalchange/publications/country-profiles-global-report-2019/en/.

6 National Oceanic and Atmospheric Administration (NOAA): July 2019 was hottest month on record for the planet: Polar sea ice melted to record lows, https://www.noaa.gov/news/july-2019-was-hottest-month-on-record-for-planet.

5

第五章

小国
生存之道

正如人有高矮之分，国家也有大小之别，大国幅员辽阔，回旋空间大，优势明显；小国国土局促、空间狭小，有的四周闭塞，劣势突出。但大有大的难处，小也有小的办法，凭借其主观能动性，借助外交手腕，利用大国矛盾，通过抱团取暖，地理小国照样也能纵横捭阖，甚至左右逢源。

蒙古国的“第三邻国”外交

蒙古国是世界第二大内陆国，面积156万平方千米，夹在中国和俄罗斯两个大国之间，这一独特的地理位置决定了其一再采取相应的外交策略以谋求生存，即除了重视与中、俄两大接壤邻国的关系外，蒙古国还推出了所谓“第三邻国”和永久中立政策，目的是通过在各大国之间保持平衡，确保自身的发展空间。

冷战时期，作为苏联的所谓“第十六个加盟共和国”，蒙古国选择的是与苏联结盟的战略，对内沿袭苏联计划经济模式，对外向苏联“一边倒”，这导致其自身缺乏独立性。苏联解体后蒙苏同盟随之瓦解，俄罗斯对蒙古国采取了疏远和“甩包袱”的策略，蒙古国由此失去了政治上的保护和经济上的依赖，从此开始政治体制转型，并产生了新的外交政策。

蒙古国地处亚洲中部，北与俄罗斯为邻，蒙俄边境线长达3543千米，东、南、西三面与中国接壤，中蒙边境线长达4710千米。从地理位置来看，蒙古国夹在中、俄两个大国之间，没有出海口，完全是内陆国家，对外贸易不得不通过中、俄进行，国家安全亦深受两国影响。蒙古国地广人稀，矿产资源相当丰富，已探明的有煤、铜、钨等 80 多种矿产，但它工业技术落后，缺乏独立开发、利用的能力，经济基础薄弱。特殊的地理位置和有限的综合国力决定了蒙古国对中、俄两国的依赖，蒙古国的外交政策便是在采取平衡外交的同时，优先发展与中、俄的睦邻友好关系，并且这两大邻国对于蒙古国而言同等重要。

俄罗斯是蒙古国最重要的经贸伙伴之一，俄罗斯铁路公司拥有蒙俄合资乌兰巴托铁路股份公司 50% 的股份，该公司承担着蒙古国 90% 以上的运力，而蒙古国的成品油和电力也基本上都从俄进口。普京总统在 2000 年执政后，意识到蒙古国的地缘作用，决心重返蒙古国，并于当年访蒙。时任蒙古国总统恩赫巴亚尔在 2006 年和 2008 年访俄，2006 年蒙俄建立战略伙伴关系。在 2019 年普京总统访蒙期间，蒙俄确定建立全面战略合作伙伴关系。

中国和蒙古国实现关系正常化以来，双边关系发展势头良好，高层互访频繁。2011 年 6 月，蒙古国总理巴特包勒德访华，两国关系被提升为“战略伙伴关系”。2014 年 8 月习近平主席访蒙，双方签署《关于建立和发展全面战略伙伴关系的联合宣言》。中国是蒙古国最大的经济伙伴，已连续十几年成为蒙最大贸易伙伴国和外资来源国。

蒙古国完全夹在中、俄之间，没有其他缓冲地带，其地缘政治环境颇为脆弱，加之其所在的东北亚地区大国利益相互交织、战略博弈错综复杂，致使蒙古国既要防止再度成为某个大国的附属，又要避免成为大国地缘博弈的棋子。对此，单纯依靠军事手段难以保障蒙古国的安全和利益诉求，只有通过实施正确的外交战略才能维护自身长远发展，除与中、俄两国搞好关系外，还需要通过发展与其他国家的友好关系，以对两大邻国形成某种程度的制衡，进而确保自身独立自主与“行动自由”，这便是“第三邻国”外交。

1994年蒙古国政府推出了《外交政策构想》，确定外交政策原则为“奉行开放的、不结盟的外交政策，防止成为某一国附属，以政治和主权形式吸引外国对蒙古国的关注”，并由此提出了全方位“多支点”的外交方针。2011年蒙古国颁布新版《外交政策构想》，明确了“第三邻国”外交，指“蒙古国将实施和平、开放、独立、多支点的外交政策”，“与美国、日本、欧盟、印度、韩国、土耳其等国以及国际组织发展‘第三邻国’伙伴关系并扩大合作领域。”

在蒙古国诸多“第三邻国”之中，美国是突出一员。蒙古国视美国为其政治与军事安全的重要保障，积极与美发展双边关系，美国也颇为看重蒙古国在中、俄之间的战略地位，对蒙古国予以回应。在经济上，美国以长期最惠国待遇和大额经济援助政策等推动蒙古国向市场经济转型，通过支持蒙古国加入国际货币基金组织、世界银行和亚洲开发银行，将蒙古国纳入国际金融体系。在安全上，美国以频繁军演、军援和培训为手段，加强与蒙古国军事合作。2019 年 7 月，蒙古国总统巴特图勒嘎访美并与特朗普会谈，两国关系升级为战略伙伴。此外，蒙古国还不断发展与日本、欧盟等的关系，力图借由“邻国”的多元化来保持其独立性。

在与各大国保持良好关系的同时，蒙古国还注重加强与联合国等国际组织的合作，积极借助多边机制发展自己。蒙古国加入了联合国框架内的各专门委员会以及国际组织，参与联合国国际维和、资源开发、环境保护、经济发展等多边事务。2004 年蒙古国成为上海合作组织的第一个观察员国、欧洲安全与合作组织的“亚洲伙伴国”，2006 年蒙古国成为亚欧会议 (ASEM) 成员，2012 年 3 月蒙古国与北约签署了合作伙伴协议、成为首个加入该计划的东北亚国家。2015 年 3 月，蒙古国成为亚洲基础设施投资银行的创始成员国。

蒙古国从未消除对中俄以及其他大国之间战略博弈影响的担忧，2015 年蒙古国调整对外战略，正式提出要扮演“永久中立国”的主张，希望以此保持“超脱”并获得国际社会的安全保障。当年 9 月 8 日，时任蒙古国总统额勒贝格道尔吉在第 70 届联合国大会上对外宣布：蒙古国将实施“永久中立国”政策，并提请联合国大会及其成员国承认其“永久中立国”地位。2016 年 1 月，蒙古国出台“中立法”草案，包括将蒙建成“无核区”，试图通过“无核地位”获得拥核国家的安全承诺，并凭借“永久中立国”身份维护国家安全与主权完整。

中立政策是蒙古国“多支点”“第三邻国”外交的补充。蒙古国独特的地理位置吸引了诸多大国渗透博弈，令其制衡难度较大、外交压力颇大。一般而言，实施中立政策的国家谋求在周边邻国之间保持中立，而蒙古国却是更倾向于在其邻国和域外大国之间保持中立。保持中立是蒙古国在国际冲突中维护自身安全的外交手段，目的是在“不得罪”两大邻国的前提下最大限度地维持其与“第三邻国”的关系。

“第三邻国”外交虽然拓宽了蒙古国的国际空间，但引进美国、日本、欧盟等域外势力也会招致中、俄的警惕与担忧，使蒙古国在与“第三邻国”进行安全合作时不得不考虑中、俄两国的感受。随着中俄两国战略互信的提升，双方能够共同阻止企图介入蒙古国内政的其他势力，故而蒙古国希望利用“永久中立国”这一特殊国际身份进一步规避风险，在处理大国关系时既不依靠俄罗斯，也不依赖中国，更不倚仗“第三邻国”，而是将其安全交给国际社会，避免未来在外交上被迫“选边站”。“永久中立国”政策虽已提出但并未以正式文件的形式呈现，所以这还只是蒙古国未来政策的一个选项。

综上所述，蒙古国希望以最小成本和最平衡的外交策略实现在中、俄“夹缝”中的长久生存。而从当前中、蒙、俄三边关系及蒙古国的其他外交关系来看，蒙古国针对其独特地理环境精心策划的诸多外交策略颇为有效。

新加坡的“大国平衡术”

新加坡是东南亚一个富裕的小国，别称狮城，国土面积724.4平方千米，人口564万（截至2018年12月），是世界上人口密度最高的国家之一。打开世界地图你会发现，新加坡仅是马来半岛最南端的一个小圆点，不仔细看的话还很难被找到。新加坡国土面积虽小且资源匮乏，但地理位置十分重要。它位于欧亚大陆的最南端，地处马六甲海峡的咽喉地带，是印度洋和太平洋之间的交通要道和东西国际航线的枢纽。

历史上，新加坡曾是马来西亚的一部分，1965年8月才独立建国。独立后的新加坡以华人为主体，却被东南亚两大伊斯兰国家，即北部的马来西亚和南部的印度尼西亚所环抱。其独特的地理位置和敏感的民族构成让新加坡意识到，必须谨慎处理与周边大国的关系，才能在大国之间谋生存、求发展。例如，在与中国建交的问题上，新加坡就紧跟在马来西亚与印度尼西亚两国的后面，避免过早与中国建交。1974年，新加坡国父李光耀在国庆讲话中指出：“要等马来西亚、印度尼西亚跟中国建交（与印度尼西亚复交——引者注）后，我们才跟中国建交。”直到 1990 年 8 月 8 日中国与印度尼西亚复交后，新加坡才于 10 月 3 日与中国建交。

作为一个严重依赖国际贸易的城市小国，新加坡致力于维护生存和安全。新加坡对外奉行“大国平衡”政策，与美、日、中、印、俄等多个大国保持良好关系，但反对大国在地区称霸，竭力维持地区均势。新加坡认为，一个强国进入该地区，可能导致新加坡或整个东南亚被控制；但若多个强国在地区相互竞争，就能给新加坡和东南亚国家提供机遇。冷战时期，当美国在东南亚占优势时，新加坡表态支持苏联介入地区事务，以平衡美国对当地的影响；而当美国因越战准备从东南亚撤军时，新加坡又担心苏联填补因美国撤出而出现的权力真空，转而支持美国留在本地区，维持地区平衡。

冷战后，新加坡谨慎处理与中美两国的关系。一方面，务实地加强对华经济合作，与中国经济深度捆绑。近年来，新加坡对华投资和贸易额不断增加，截至 2018 年底，已连续 6 年成为中国最大新增外资来源国。2018 年，新加坡成为中国第二大新增对外投资目的国，中国继续是新加坡第一大贸易伙伴、第一大出口市场和第一大进口来源国，并与中国合作打造“一带一路”重点项目——国际陆海贸易新通道。另一方面，新加坡又极力与中国保持距离，回避自身华人国家身份，甚至在与中国的交往中优

< 新加坡地标鱼尾狮

先选择说英文，刻意展示其“与中不同”。与此同时，新加坡与美国保持密切的经济和军事关系，被公认为是美在亚太的“准盟友”。在马六甲海峡沿岸国家中，只有新加坡同意美国在其港口驻军。每当中国的地区影响显著增强时，新加坡总是呼吁美国制衡中国。2009 年李光耀访美时，警告美国若再不回到亚洲制衡中国，将可能失去全球领导地位，这表明新加坡唯恐本地区的均势被打破。2010 年东亚峰会扩容，东盟批准美、俄加入，新加坡对此全力支持。实际上，早在 2005 年东亚峰会创立时，新加坡就主张将印度、澳大利亚、新西兰拉入峰会，以制衡中国，致使“东盟 +3（中、日、韩）”版的东亚峰会胎死腹中。

在南海问题上，新加坡并非南海争端国，但有意支持美国，同时也注重与中国搞好关系，显示出高超的平衡能力。2014 年，李显龙总理访美时公开讲话称，南海主权纠纷应依据国际法解决，中国的主权宣示以历史为基础，有一定合理性，但主权纠纷的结果不能仅以国力强弱来决定，矛头直指中国。但在同年底召开的东亚峰会上，李显龙又对华示好，表示要妥善处理南海问题，不让南海争端影响中国与东盟的关系。

当前，面对中美战略竞争，新加坡格外谨慎。李显龙一再呼吁中美保持克制，称不愿在两国之间选边站，希望大国不要向小国施压。同时也强调，如果中美关系恶化，新加坡经济将受影响。

建国50多年来，新加坡在国际事务中巧妙玩转“大国平衡”，赢得了宽松的外部发展环境，从昔日一个不起眼的转口贸易自由港，发展成当今世界重要的制造业基地，以及国际贸易、航运和金融中心。

抱团取暖的东盟

除了新加坡，东南亚最重要的国际组织——东南亚国家联盟（东盟）也热衷于均势战略，致力于团结地区国家，与大国展开博弈。东盟成立于1967年8月，其“立意”是要在美、苏两大阵营对峙中，为东南亚国家的生存和发展寻求更大空间。

冷战时期的东南亚地缘环境较为险恶，东南亚国家被大国竞争拉入不同阵营。美国在此与泰国、菲律宾结盟，并组建“东南亚条约组织”；苏联则与越南组建联盟，支持越南入侵柬埔寨，致使中南半岛陷入持续战争。为摆脱这一受制于人的被动状态，加强东盟团结、维持大国平衡、维护东盟中心地位，便成为东盟自建立之日起孜孜以求的目标。

维护东南亚和平及避免让东盟沦为大国竞争的牺牲品，是东盟首要的战略利益。为此，东盟主动与大国对话互动，构建地区规则，推动自身扩容，加强内部整合。自20世纪70年代起，东盟与澳大利亚、日本、美国等国建立对话伙伴关系，加强互动合作。东盟相继提出建立“东南亚无核区”和“东南亚和平自由中立区”，确立本地区的“游戏规则”——《东南亚友好合作条约》，并将越南、老挝、柬埔寨、缅甸等国纳入联盟，实现了中南半岛的和平稳定。迄今为止，任何要与东盟开展机制性交往的国家，都需签署《东南亚友好合作条约》，并遵守其相关规定，这既是东盟与大国的约定，也是东盟团结自保和维护地区发展自主权的根本保障。

冷战后，东盟着重谋求经济发展和地区一体化建设，在亚洲金融危机冲击下创立了以东盟为中心的地区合作平台，即“东盟 +1”“东盟 +3”“东盟 +6”“东盟 +8”机制。这些以东盟为中心的机制是东盟与大国抗衡的法宝。尽管有人质疑东盟无力主导地区合作，即所谓“小马拉不动大车”，但实践证明，“东盟 +X”机制在过去 20 余年不仅让东盟在大国林立的亚太地区生存下来，还获得了有利的发展空间。

在地区层面，东盟不断推动东亚峰会扩容，将美国、中国、日本、印度、澳大利亚、韩国、新西兰等全部纳入其中，并借助各大国间的相互制衡，维持地区发展态势，坐稳了本地区的中心地位。2015 年底，东盟进一步加强内部整合，成立东盟共同体，东盟与大国的互动博弈由此进入新阶段。

在次区域层面，东盟也如法炮制，在湄公河区域与美、中、日、印等大国构建多个次区域合作机制，如大湄公河次区域合作（GMS）、澜湄合作（LMC）等，中南半岛国家借助大国的相互竞争以坐享红利。近年来，在湄公河次区域合作框架下，缅、泰、老、柬、越等国在基础设施建设、减贫发展、农业和水资源合作等问题上，便得到了美、日、中等大国的大力支持。

在具体议题层面，尽管东盟一再重申不在大国之间选边站，但在经济和安全议题上，东盟有明显的选边倾向。也正是因为这种议题性选边，东盟得以维护地区平衡，实现了自身利益最大化。例如，在南海问题上，东盟有意拉拢美、日、印、澳等国，高举国际法大旗牵制中国；而在经济合作上，东盟全面增强与各大国合作，同时更加依赖中国。2019 年，东盟与中国的贸易额已达到 6414.6 亿美元，中国是东盟最大贸易伙伴和第三大投资伙伴。2020 年，东盟一跃成为中国的最大贸易伙伴。这便是所谓的东盟“经济上靠中国、安全上靠美国”的有趣现象。不论这一现象是否客观描述了东盟与中、美的关系，但至少真实反映了东盟面对大国博弈时的心态和生存策略，即尽可能地让大国相互制衡，同时又从大国方面获取实惠，并加强自身团结，不公开选边站，这可谓是东盟推行“大国平衡”策略的力作。

如今，在中美战略博弈明显加剧的背景下，东盟牢牢把控着地区中心地位，不断提升其战略自主性和主动塑造能力。在战略领域，面对中国的“一带一路”倡议、美国的“印太战略”、日本的“高质量基础设施建设倡议”，东盟均没有明显倒向任何一方，而是自主发布《东盟印太展望》，将中、美、日倡议纳入其中，淡化安全议题，强调地区发展，突出加强海上合作、互联互通、联合国2030年可持续发展议程及经济合作，并以“东盟+X”机制，尤其是东亚峰会平台推动整合印太，强化自身区域中心地位。在经济领域，2019年底，东盟积极协调诸大国，与中、日、韩、澳和新西兰五国完成《区域全面经济伙伴关系协定》（RCEP）谈判，并于2020年11月正式签署。RCEP将成为世界最大自贸区，囊括全球GDP的32.2%，这再次彰显了东盟团结一致的决心和能力。

古巴奇迹

古巴是位于西半球加勒比海的小岛国，与美国仅隔着一道佛罗里达海峡，面积只有11万平方千米。作为西半球唯一的社会主义国家，古巴毗邻的是惯于对外干涉的资本主义超级大国——美国，其面临的地缘安全环境可谓严峻复杂。但在古巴共产党审时度势的领导下，古巴不为美国的常年制裁所惧，始终高举社会主义大旗屹立不倒，创造了小国面对大国强邻斗智斗勇的“古巴奇迹”。

< 古巴首都哈瓦那莫罗城堡

古巴是西印度群岛中最大的岛国，位于加勒比海域西北部，被称为“加勒比海的咽喉”。它东邻大西洋，西接墨西哥湾和中美洲，南眺南美洲，北望美国佛罗里达半岛，国土形状呈狭长型，东西长度约 1200 千米。作为一个小岛国，古巴的地理条件具有明显的脆弱性。在经济上，古巴对外部市场依赖程度高，易受外部冲击。由于古巴国土面积狭小，其土地资源和能源资源储量均十分有限，而且经济结构较为单一，主要依赖种植甘蔗和出口蔗糖，加之飓风、暴雨等自然灾害严重影响了古巴的经济发展。在安全上，古巴国土狭小，缺乏战略纵深，加之其常年面临

美国政治渗透与军事压力，可谓“压力山大”。

由于古巴地缘位置特殊且毗邻美国，后者一直视其为“囊中之物”，这使得古巴的安全风险进一步加剧，但也迫使古巴走上社会主义道路。美国战略家马汉在《海权对历史的影响（1660—1783 年）》一书中将加勒比地区誉为“西半球的心脏”和“掌控美洲的钥匙”，称“古巴和牙买加这两个岛屿对于控制墨西哥湾和加勒比海最具实质性意义。就位置、力量和资源优势而言，古巴又明显地绝对地处于上风”。早在 1823 年古巴还是西班牙殖民地时，美国总统托马斯·杰斐逊就表示“期待古巴并入”美国。1898 年美西战争爆发，美军占领古巴，随后迫使古巴接受《普拉特修正案》，将美国干预古巴的权利合法化，并不断在其地扶持亲美独裁政权。1959 年 1 月 1 日，菲德尔·卡斯特罗领导的反独裁武装起义取得胜利，并建立了古巴临时政府。随后推行土地改革，征收大庄园主土地，并将制糖业和银行收归国有，招致美国敌视。1961 年 1 月，美国正式宣布与古巴“断交”。半个多世纪以来，美国采取经济封锁、军事威胁和意识形态渗透等多重手段，一再企图颠覆古巴社会主义政权。

面对美国的重重威胁，古巴采取了多种方式保障自身安全，确保了社会主义大旗屹立不倒。冷战时期，美国对古巴无所不用其极，企图压垮卡斯特罗政权。1961 年 4 月 17 日美国派遣 1500 名雇佣军发动“猪湾入侵”，登陆古巴长滩和吉隆滩，最终因遭古方顽强抵抗而失败。美国还不断派遣特工制造暗杀、爆炸等恐怖活动，成立“马蒂电台”等媒体开展反卡斯特罗宣传，企图扰乱古巴社会秩序。为抵御身边强权，古巴一头倒向苏联，政治上依靠苏联支持，经济上依赖苏联援助，军事上与苏联结盟，利用自身地缘条件影响全球冷战走势。1961 年 4 月 16 日，古巴领导层成立古巴共产党，卡斯特罗担任中央委员会第一书记。同年 5 月 1 日，卡斯特罗宣布古巴为社会主义国家。1972 年古巴加入“经济互助委员会”，与苏联签署经济协定，以推动其与苏联及东欧社会主义国家的经济一体化。与此同时，古巴还与第三世界国家进行紧密合作，卡斯特罗成为不结盟运动的重要推动者，古巴支持未独立国家的民族解放斗争，也获得了多国在国际事务上的支持。

冷战结束后，失去苏联支持的古巴经济濒临崩溃，美国自认为搞垮古共政权的“天赐良机”已到，随即加大攻势，先后推出《托里切利法》《赫尔姆斯—伯顿法》等严苛的经济制裁法案。对此，古巴内外并举、自强不息，努力摆脱困境。对内加强政治建设，坚持走社会主义道路，同时认识到生存和发展是第一要务，因此调整了经济发展计划，改变了过去依靠外援实现国家工业化的发展战略，转向自力更生；对外奉行全方位外交政策，扩大国际合作，逐步改善外部环境。一方面，积极拓展与拉美其他国家的关系，加入加勒比国家联盟，推进与俄罗斯、中国等国的关系，提升国际影响力；另一方面，加强与西欧、加拿大等国的务实合作，分化西方大国，致使美国顽固的对古巴经济封锁遭到越来越多的国际反对。2006 年劳尔·卡斯特罗代替因病住院的兄长菲德尔·卡斯特罗执政后，不仅延续了这一外交思想，还在拉美和非洲多国积极推进“医疗外交”，救助当地贫苦民众，也为古巴争取到更多的国际舆论支持。

与此同时，古巴也审时度势、灵活调整对美战略。古巴领导人劳尔大胆作为，利用美国民主党总统奥巴马上台之机，加强与美方高层接触，通过“秘密外交”促使美国放松对古巴的制裁，两国互设使馆、并推动奥巴马成功访古，美古双方在半个多世纪的敌视后终于宣布“重新建交”，开启了两国关系“正常化”进程，古巴的外部压力有所缓解。2016 年特朗普赢得大选后，美国共和党政府改变了奥巴马政府的对古缓和政策，出台了一系列强硬政策，使美古关系正常化受到挫折。但古巴对此反应较为谨慎克制，仍保持与美合作对话的开放态度，同时积极推进国内经济和社会模式更新，维护经济社会平稳秩序。

回顾半个多世纪以来，面对美国的强权施压与渗透颠覆，古巴政府“生于忧患”，始终保持清醒头脑和强烈的危机意识，采取有理有节的灵活斗争方式，此乃古巴社会主义政权在西半球屹立不倒的制胜法宝。对内，古巴的共产党坚持走社会主义道路不动摇并加强党的建设，同时加快推进经济和社会模式更新；对外，坚持独立自主，加强国际合作，尽可能扩大朋友圈，以争取国际舆论支持。古方也深刻认识到，由于地理位置的邻近，美古双方在移民、环保、反毒、反恐等议题上彼此需要，客观上相互依赖，这是促使美国回到谈判桌的重要筹码。两国即使在冷战中紧张对抗，也仍然保持秘密渠道的接触和沟通，包括多次在移民和反劫机等问题上开展对话与合作。随着共同面对的非传统安全挑战日益增多，合作应对挑战成为美古两国求同存异并在关键时刻化解危机的重要助力，菲德尔·卡斯特罗便曾多次利用古巴难民问题促使美国与其对话谈判。正是凭借其务实、灵活、出色的外交战略，古巴赢得了越来越多的国际支持，取得了对美博弈“以小搏大”的主动权。

总之，面对“隔壁”的世界头号强国，古巴对美国既敢于又善于斗争，同时又不失时机地与之合作，可谓“不卑不亢、斗而不破”。而在特朗普总统任期之内，面对美国进一步加大制裁的压力，古巴的外交策略更显务实灵活，“古巴奇迹”得以延续。

6

第六章

首都与国家安全

首都既是一个国家的“大脑”，也是一国政治与安全重心所在，首都安危在相当程度上决定了这个国家的国家安全。综观国内外的当政者，都对首都的选址极为慎重，都把首都的建设和安全当作决定“国运”兴衰的大事。

首都与国家安全

新中国为何定都北京

清朝末年，面对被列强瓜分的危险，在甲午战争爆发的1894年冬，安徽有一位心忧天下的士人陈澹然拟就《迁都建藩议》，建议清王朝将都城由北京迁往武汉，并在其中留下了“不谋万世者，不足谋一时；不谋全局者，不足谋一域”的箴言。他提出选定国都的标准是：“王者都会，所以系一国之人心，而通万国之声气者也。故其地足以亲天下，而后天下群起而亲我。”其认为“纵览神州全局，南绝越裳，北横瀚海，十八行省之内实以荆襄千里为中权枢管之都”。陈澹然强调武汉据长江之险，坐享东南人才、物产、赋税之利，可为清朝应对乱世之都城。果真如此，是否就能避免几年后八国联军打进北京城、慈禧太后仓皇西逃的狼狈呢？但历史不允许假设。

1902年，章太炎与流亡中的孙中山，在日本开怀畅谈土地改革、未来赋税、教育平等等问题，也谈到了革命胜利后中国的首都应该建在哪里。孙中山提出“金陵犹不可宅”。他认为，南京虽有龙盘虎踞的地理形势，但其地偏安东南，无法制约内陆地区。结论是“谋本部则武昌，谋藩服则西安，谋大洲则伊犁”——如果革命成功后谋取中国内地，首都就应建在南北交通发达、位于长江水运中心的武昌；如果想慑服北方少数民族、统领周边四邻，首都就应建在位于国土中央的西安；如果想要称雄欧亚大陆，首都最好定在地处亚洲大陆中央的新疆伊犁。

但设想终归只是设想，中国历史和政治的发展不由任何个人的意愿决定。1912 年中华民国成立时，其都城选在了南京，因为当时只有南京这一座比较大的城市掌握在革命军手中。此后历经北洋政府、广州国民政府、北伐胜利后定都南京、抗日战争时迁都重庆，孙中山定都武汉乃至西安、伊犁的设想从未成为现实。直至中华人民共和国成立，中国共产党人最终选择北京作为首都，为什么北京能够力压群雄、脱颖而出呢？其背后自有深刻的历史、政治和地理原因。

中华文明上下五千年，古代建政立权，首先是沿黄河、长江一线的东西扩张，继而是由黄河、长江流域扩展至整个东亚大陆的南北争雄。其间能够成为全国首都的城市屈指可数，如果从秦统一六国算起，2000 多年里承载强盛王朝首都之地者，西安、洛阳、北京三城堪称第一梯队。在第一个千年，西安堪称国都之选的“龙头老大”，其上接秦汉、下开隋唐。只是在第二个千年，北京才超越西安获得中国长时段的首都之冠。概括说来，显要的地理条件是北京“逆袭”成功的前提，北方游牧民族逐鹿中原引发的国家安全考量，成就了北京连续问鼎元、明、清国都之位，而 20 世纪中叶的国内、国际政治现实，则最终使中国共产党人将新中国首都选在北京。

大约 3000 多年以前，北京地区便发展出了最早的市镇，并随之建立起燕国，其都城称作蓟。燕国的建立与发展，离不开北京优越的地理条件：北京位于一个面积不大的“北京小平原”上，三面丛山环绕，只有正南一面朝向平坦辽阔的华北大平原。在三面丛山之中，有一些天然峡谷，这形成了南来北往的通道，其中最有代表性的，一是西北角的南口，二是东北角的古北口。横越北京小平原及其丛山进入山后地区，有三条较易通行的大路，它们分别是：向西北通过南口，穿过一系列宽窄不等的山间盆地，可以径上蒙古大高原；向东北通过古北口，越过高低不等的丘陵和山地，通向松辽大平原；向东沿燕山南麓而去，可以直达山海关，出关沿滨海低地前进，便是辽河下游平原。这三条大路，均从北京小平原辐射而出，形势天然。由此不难看出，在古代交通上，“北京小平原”可谓沟通南方大平原和北方山地之间、南来北往的必经之地，是其日后建都的地理基础。西汉太史公司马迁在《史记·货殖列传》中曾评说道：“夫燕亦勃、碣之间一都会也。南通齐、赵，东北边胡……北邻乌桓、夫馀，东绾秽貉、朝鲜、真番之利。”寥寥数语，便勾勒出北京连接中原汉族与北方游牧民族的交通枢纽地位，重要性可见一斑。

有史学家指出，一部中华文明史，即是中原农耕民族与草原游牧民族的征伐融合史。在2000多年中国封建王朝史的第一个千年，当中原农耕民族统治神州，西安、洛阳风光无限时，北京还只是区域性的军事重镇与贸易中心。秦始皇统一全国后大修驰道，向北便到了北京，他本人也曾沿着这条驰道巡视过北京地区。隋、唐帝王则利用北京作为基地向东北征讨。611年，隋炀帝领兵征高丽，从扬州走运河船行至北京，征调的大量兵马辎重汇集于此。唐太宗也曾亲率主力兵马，从陆路经北京直赴辽东，并在北京南郊大举誓师，结果征讨兵败撤回北京，为了安抚军心，他修建悯忠寺悼念阵亡将士，这便是后来有名的法源寺。

当草原游牧民族发展壮大，其势足以逐鹿中原之时，北京便是他们直取南方广大平原腹地的门户。中原发达的文明犹如一块磁铁，对周围少数民族产生了巨大的吸引力，正可谓"江山如此多娇，引无数英雄竞折腰"。从秦汉时期的匈奴，到魏晋时期的鲜卑，再到隋唐时期的突厥，以至两宋时期的契丹、女真，以及后来的蒙古族、满族，对于这些有心逐鹿中原的游牧民族而言，北京实在是南下征程中建都的一块宝地。它面平陆，负重山，南通江淮，北连朔漠，称得上是"财货骈集，天险地利"。游牧民族占据北京作为都城，进可以扼控全国，退可以依托故地漠北，一溜烟就能遁入故乡的怀抱。

历史上建都北京的第一个游牧民族为鲜卑族。东晋末年，鲜卑慕容氏从山海关以外的龙城（今天的辽宁朝阳县）入关南下，迁都蓟城（今天的北京），继而随着南侵进程，又迁都邺城（今天的河南安阳市），建立了“五胡十六国”中的前燕政权。这种典型的北方游牧民族南下路线，在后来的历史中一再上演：一是契丹入关开创辽朝，在北京建立了“南京”城（作为陪都，因其位于统治疆域的南部，故称“南京”），作为进攻大平原的据点；二是女真族入关开创金朝，在北京建立了中都城，统治了小半个中国；三是蒙古族崛起漠北、进据中原，开创元朝，在北京建立了元大都；四是满族崛起于东北白山黑水，入关开拓清朝，仍以北京为国都。北方众多游牧民族，你方唱罢我登场，其崛起和建政的历史路线均在北京交汇，可谓惊人的相似。一方面，正是游牧民族的逐鹿中原，成就了北京的国都地位；另一方面，也正是游牧民族对中原政权的安全压力，成就了北京从南京手中“夺得”明朝的国都地位。

明太祖朱元璋灭元建国后，起初以南京为首都，但一直有北迁之意。他认为以南京为都城的前朝历代都气数不长，又因其地理位置偏居江左，作为国都并不理想。朱元璋曾派太子朱标巡视河洛和关中，考察两地地形，但不久因朱标病死，加之朱元璋年迈体衰，遂放弃迁都北方。明成祖朱棣夺取帝位后，便将其当燕王时的封地北平府改为顺天府，建北京。之后采取一系列措施提升北京的政治地位，1406 年下命营建北京宫殿，为迁都做准备。据《明太宗实录》记载，永乐十四年（1416 年）十一月，朱棣

> 金山岭长城

集合文武群臣商议迁都之事，六部、督察院、大理寺、通政使司、太常寺等衙门大臣上疏称："伏惟北京圣上龙兴之地，北枕居庸，西峙太行，东连山海，南俯中原，沃壤千里，山川形胜，足以控四夷制天下，诚帝王万世之都也。"这份奏疏充分体现了朱棣迁都北京的政权安全考量：首先，北京是其"龙兴之地"和控制全国政局的基地，政治根基牢靠；其次，北京"山川形胜，足以控四夷制天下"，北靠居庸关，西守太行山，东接山海关，南俯瞰中原地区，既有高山河海之阻，又有连通中原之便，土壤肥沃，物产丰饶，完全具备作为都城的自然条件；最后，明朝首要的安全威胁是图谋卷土重来的北方蒙古势力，而北京紧邻漠北蒙古各部，迁都北京可以实现“天子戍边”，便于统治者指挥调度，增强军事威慑力，及时制止北方游牧势力的入侵。基于上述理由，1420年北京宫殿落成之后，朱棣便下令正式迁都北京。

可以说，在中国封建王朝史的第二个千年，北京已经牢牢占据了国都之冠的地位。至20世纪中叶，中国共产党领导的新民主主义革命行将胜利，中国历史翻开崭新一页，中国共产党领导人又把北京作为新中国的首都。除了其独特的历史文化与地理条件之外，还有新的因素，即当时的国际政治格局和地缘政治现实，使得定都北京成为新中国的不二选择。

1949年初，有苏联留学经历的王稼祥（时任中共东北局城市工作部部长）抵达西柏坡第一天，即去拜会毛泽东。毛泽东向他问道：“我想听听你的意见，我们的政府定都何处？历朝皇帝把京城不是定在西安就是开封，还有石头城南京或北平。我们的首都定在哪里最为合适呢？”王稼祥思考片刻，回答说：“能否定在北平？”毛泽东要他谈一下理由。王稼祥分析说：“北平离社会主义苏联和蒙古人民共和国近些，国界长但无战争之忧；而南京虽虎踞龙盘，地理险要，但离港、澳、台近些；西安又似乎偏西了一点。所以，我认为北平是最合适的地方。”“有道理有道理。”毛泽东连连点头称是。

王稼祥与毛泽东以及中共其他领导人对于新中国首都的选址

具有高度共识，这一共识是基于当时的国内与国际政治现实，即世界已被划分为美、苏两大阵营，即将诞生的新中国属于以苏联为首的社会主义阵营，而北京距离中苏边境较近，便于获取国际支持。正是北京的天时地利，及其历史与现实条件的具备，促使“古都北平”成为新中国的首都北京。1949 年 9 月中国人民政治协商会议召开，最终决定中华人民共和国定都北平，并改名为北京。

柏林不单是德国的中心

德国地处欧洲大陆中心，柏林则是中心的“中心”。在德国百万人口级别的城市中，柏林不如金融机构云集的法兰克福“金贵”，不比巴洛克建筑频现的慕尼黑典雅，不似坐卧易北河、面朝大海的汉堡活跃。从德国国内地理位置上看，柏林也略偏东北，并非领土腹地正中心。但放眼欧洲，柏林不仅仅是德国的“心脏”所在，也是扩大后欧盟的中心。

冷战结束时，对于两德统一后是否还都柏林，德国政府刚开始似乎有些犹豫不决。波恩作为二战后联邦德国的首都，定位清新，表现卓越，让人难以割舍。当然也有联邦雇员安土重迁，不愿劳神费力和重启生活的小心思，还因为选择柏林意味着要直面过去，“回到给德国和欧洲人民带来巨大苦难的德国两次独裁政权所在地”。人们担心战后新生的德意志将被迫直面不堪回首的过往历史。

1991 年 6 月 20 日，德国联邦议院经过 11 个小时的唇枪舌剑，以 337 票对 320 票的微弱多数表决通过，将联邦议院及“政府功能的核心部分”迁至柏林。时任德国总统魏茨泽克发表“迁都备忘录”称，在今后 20 年里，欧洲地图将发生决定性改变，欧洲自由贸易区国家及波兰、捷克、斯洛伐克、匈牙利均将参加欧共体，或以类似成员国的形式与欧共体融合，欧洲中心将移到大陆，而德国“将起推动性作用”。从中可见，柏林的地理和枢纽位置正是其压倒一切争议，重新成为统一后德国“心脏”的重要原因。

柏林人口 360 万，是德国人口最多的城市，具有相对良好的生活定居条件。柏林纬度虽高，与我国漠河的“北极村”相近，但来自北大西洋的暖湿气团使其冬季气候较为温暖，夏季则凉爽宜人，且大量湖泊、运河点缀纵横，为柏林提供了丰富的水源，同时也使柏林地区森林茂盛。鸟瞰柏林，令人仿佛置身于一片绿色海洋之中。

柏林地处欧洲交通枢纽的位置则使其自带战略光环。柏林位于奥得河和易北河之间一块宽阔的平原上，地势低平稍有起伏，平均海拔仅 35 米。该城恰好坐落在欧洲北部平原东西向的天然通道上，与布鲁塞尔和华沙的距离皆为 700 千米左右，它还是从北部波罗的海到南部亚得里亚海最短的连接点，从汉堡到伊斯坦布尔与从巴黎到莫斯科的商路亦在这里交汇，可谓连接东西，通达南北，堪称欧洲陆路交通线的最佳汇聚点。19世纪，柏林随着德意志帝国的崛起而发展，乘着铁路发展的东风而腾飞。柏林因其重要的地理位置，在工业化时代的铁路建设浪潮中迅速成为德国铁路网的核心，建成了四通八达的铁路，为普鲁士控制北德意志关税同盟提供了“铁胶带”、资金流和运兵线，是其最终统一德意志不可多得的战略资源。威廉帝国时期，德国政府甚至制订了修建从柏林到巴格达铁路的计划，为其“世界政策”背书。21世纪初，柏林—勃兰登堡地区已成为9条来自不同方向高速公路的交汇点，10条主要铁路线的必经之地。2006年建成的柏林中央火车站号称当时欧洲最大的火车站，日均发车1800列，客流量达35万人，迄今仍是欧洲最重要的交通枢纽之一。

从历史上看，柏林是西欧文化东进的前哨站。日耳曼文化与斯拉夫文化在这里交汇，其虽是日耳曼人的城市，但也有斯拉夫人的气息。公元7世纪，在易北河中游和奥得河之间的低洼地上，由冰川融化的流水形成了施普雷河，河两岸形成了斯拉夫人的定居点，“柏林”这个名字即源自斯拉夫语birl，意思是“沼泽”。公元12世纪，日耳曼人驱逐了定居此处的斯拉夫人，夺取了这片沼泽地，并在施普雷河畔建立两个村镇，沿用此前定居点的名字将其分别命名为柏林（Berlin）和科恩（Cölln）。1237

年，勃兰登堡边疆伯爵阿尔布莱希特在此基础上建立柏林城，因伯爵绰号为“熊”，后人就以一只站立的黑熊作为柏林城的城徽。1307年，柏林和科恩合二为一，正式定名为柏林。1415年，柏林成为勃兰登堡选侯首府。为拓展版图，稳固边疆，勃兰登堡选侯一度以承认波兰为宗主国为条件，换取了对普鲁士公国的继承权，将其领土范围稳稳地向东迈出了一大步。

冷战时期，柏林因其特殊的地理位置和政治安排成为美、苏两大阵营“火拼”的前沿阵地。柏林身处民主德国，但一分为二，东柏林成为民主德国的首都，西柏林则是联邦德国的飞地。西方阵营将西柏林视为牢牢安插在民主德国心脏的楔子。1948年6月，第一次柏林危机初现，美国驻德军事长官克莱即宣示：“苏联不用战争手段就赶不走我们。”随后美、英通过西占区和柏林之间的空中走廊，在11个月的时间内出动了19.5万余飞行航次，向西柏林的居民和西方三国占领军运送了140余万吨生活物资。1948年秋，柏林先于整个德国，正式分裂。1961年8月，民主德国开始修筑“柏林墙”，将西柏林圈隔起来，成为了德国人心中苦涩的“分割符”。

小小柏林不仅是欧洲冷战的中心，也牵动着美苏争霸的大局。曾任联邦德国国防部长的施特劳斯说过，“柏林首先是美国的政治阵地，然后才是德国的”。20世纪70年代，联邦德国实施“新东方政策”，寻求同苏联及东欧社会主义国家缓和关系，与苏联签署了确认边界、加强经贸、提供技术的《莫斯科条约》，但联邦德国希望以柏林地位问题为该条约生效的前提。美国时任国务卿基辛格得悉后，施加影响，拖延谈判，将柏林问题作为不时敲打苏联的工具，并把它同越南问题、战略性武器会谈、美苏首脑峰会、欧洲安全与合作会议等议题广泛联系起来，利用苏联获取联邦德国经济技术援助的急切心理，迫其做出了一系列让步。由此可见，柏林问题远远超出其地理范畴本身。

冷战结束后，柏林迎来了浴火重生的新时代，同时这也是德国走向自强，雄踞欧洲“中心”的新标志。柏林具有对中东欧广泛的辐射力，是德国进军中东欧市场的重要桥头堡。货物从柏林出发，通过公路运输 24 小时内就能送达中东欧广大地区。面向中东欧，连接欧陆重要交通枢纽的“泛欧 2 号走廊”以柏林为起点，经波兹南、华沙、明斯克、莫斯科，直抵诺夫哥罗德，为德国扩大对中东欧影响力、一展大国雄心提供了便利。乌克兰危机中，默克尔亲力亲为，在柏林、基辅间穿梭外交，一度被西方媒体奉为“在乌克兰问题上对抗俄罗斯的欧洲领导人”。可以说，北约与欧盟双东扩以来，德国已成为中东欧国家最大的贸易伙伴，是中东欧安全不可或缺的积极构建者。统一后的德国还都柏林，不仅是振兴东部德国、实现东西平衡发展的重要手段，同时也意味着德国将作为一个坐落在欧洲中央的大国而存在。

未来之选巴西利亚

巴西总统库比契克（1956—1961 年在任）注定名垂青史，这不仅是因为他在其任内将巴西首都迁至巴西利亚，更因为巴西利亚是人类历史上首个严格按照设计图纸在荒野上建好的城市，并被联合国教科文组织评定为当代唯一“世界文化遗产”。

作为拉美第一大国，巴西国土面积达 850 万平方千米，约占南美洲总面积的一半，其幅员辽阔、自然资源丰富，曾先后在多个城市建都。1549 年，葡萄牙殖民者在巴西设立了总督，确立以中央集权方式管辖巴西，并选定与葡萄牙本土遥遥相望的巴西东部海滨城市萨尔瓦多为首都，以便远程掌控。1763 年，巴西东南沿海城市里约热内卢（简称“里约”）因面积更大、综合实力更强而取代萨尔瓦多成为新首都。1822 年巴西独立后，里约继续作为国家首都。此后近 200 年里，里约城市规模不断扩张，成为全国的政治、经济、文化和工业中心。但因缺乏规划，致使其城市病愈发严重，人口、交通、环境等各方面压力急剧上升，加之此地黑帮聚集，城市治安形势日益恶化。此外，里约的殖民地色彩浓厚，自殖民时期便发展起来的当地大家族和资本势力掣肘巴西联邦政府。凡此种种，令里约的首都政治功能备受影响，巴西迁都事宜便被提上日程。

问题是，新都应定在哪里？早在 1750 年葡萄牙殖民者派人绘制巴西中部的戈亚斯州地图时，就有人发现该州地处巴西心脏地带，地理位置极佳，并且地势平坦、气候温和，便提出将首都迁至该州。1822 年，巴西“独立之父”博尼法西奥正式提议将首都迁往内地，并建议将新首都命名为佩特罗波尔或巴西利亚。该提议得到众多有识之士的支持，并被写入 1891 年宪法。1956 年，平民出身的库比契克以“5 年实现 50 年的进步”为总统竞选口号，承诺实现巴西迁都的百年夙愿，宣称要将新首都建设成代表进步原则、可以塑造“新巴西人”的“乌托邦”。库比契克总统上任后不久便将建设新首都提上日程，决定在戈亚斯州的荒原上划定 3612 平方千米的土地兴建联邦区和新首都，并将其命名为巴西利亚。新首都位于马拉尼翁河与维尔德河汇合而成的三角地带上，海拔 1100 米，距离巴西两大城市里约和圣保罗均 900 千米，其地气候舒适，年均气温 17.7℃。库比契克称，迁都的目的之一是“打开通往西部地区的道路，就像 19 世纪美国开发西部地区一样”。因此，新首都不仅将承载重要的政治功能，还将发挥带动中西部地区发展的经济桥头堡作用。

由于巴西总统每届只有 5 年任期，库比契克深感迁都事宜时不我待，上台之后便马上启动迁都计划。首先是征集新首都的设计方案。在全球范围内征集的众多方案中，卢西奥 · 科斯塔和奥斯卡 · 尼迈耶设计团队的“飞机型”平面布局图脱颖而出。其次是推动首都建设工程保质保量完成。1956 年 6 月，巴西国会批准成立新首都城市化公司，专门负责指导新首都建设，总统库比契克亲自为新首都奠基。为加快工程速度，建筑公司先在工地上建造了一个可供大型运输机降落的机场，随后陆续运来 5 万多名工人和机器设备，轮流高效作业，甚至达到了两三天内建成一栋建筑的速度。巴西利亚在 41 个月内提前建成，1960 年 4 月 19 日作为新首都举行了竣工典礼。

迁都巴西利亚给巴西的发展与安全带来了诸多利好。首先，对于巴西这样一个地域广袤的国家来说，选择内陆城市作为首都有利于保障国家安全。巴西利亚远离沿海、深入腹地、地处高原，易守难攻，相比里约这样的沿岸城市，其防御能力更强。其次，部分疏解首都功能有利于提高中央政府的管控能力。新首都建设推动了巴西行政中心与经济中心的分离，促使人口从沿海向内陆迁移，缓解了里约、圣保罗等特大城市的人口压力。1960 年巴西利亚建成之初，人口仅有 14 万，截至 2017 年 7 月 1 日已达 300 万（包括郊区和卫星城人口），仅次于圣保罗和里约。再次，通过城市建设和资源重新分配，带动了巴西中西部的开发。随着首都向内陆腹地迁移，巴西的高速公路和铁路系统逐渐完善。巴西利亚与里约、圣保罗等大城市之间都建有高速公路，另外，还有高速公路连接北部热带雨林区及周边其他国家，使巴西国内外的联系更为紧密，为巴西经济腾飞提供了强劲助力。最后，新首都的成功建设显著提振了巴西的民族自信心。巴西倾全国之力，在短短时间里便使一座现代化城市拔地而起，而且因其精美、现代的布局被评为当代唯一“世界文化遗产”，巴西利亚被誉为象征未来城市的“乌托邦”，使得巴西的软实力明显加分。

从城市规划上看，巴西利亚作为一个实验性的城市，展现了巴西政府远大的政治抱负和现代化的设计理念。根据科斯塔和尼迈耶主持设计的布局图，巴西利亚的城市平面呈现为一架飞机的形状，代表了巴西加速腾飞和崛起的梦想。同时，巴西利亚因其严格的城市分区和壮美的建筑而被世人称为“柯布西耶式梦幻城市的巅峰之作”。科、尼二人深受现代主义建筑大师柯布西耶的影响，巴西利亚的城市布局便充分体现了后者所倡导的精神，不仅实现了城市的功能分区，而且着眼改善市民的居住环境，以建设宜居城市。新首都分为东西向（“机身”）和南北向（“机翼”）两条轴线。在长达 8 千米的东西向纪念轴线上，坐落着总统府、国会、法院、各大部委等政府办公楼以及巴西利亚大教堂、国家博物馆等政治、文化建筑。南北向轴线主要是巴西利亚的生活区和服务区，住宅区整齐地分布在南北向轴线的两侧。东西向和南北向两条轴线的相交处是交通枢纽，附近便是金融区和商业区。此外，设计者还在城市规划中充分注入环保理念，整座城市围绕一片面积达 48 平方千米的人工湖展开，城市 60% 的面积是绿地，城市南部设有 6 千米长的人工防护林。火车站和工业区位于纪念轴西侧的延长线上，居于城市主要风向的下风区，避免了对

< 巴西利亚俯瞰

主城区的空气污染。

然而，这座城市并非完美，由于其设计过于理想主义、功能分区过于严格，居民生活便利度大打折扣，需要驾车出行，这令城市交通压力剧增。而城市道路的设计也较少考虑行人便利，不少居民为节省时间选择横穿马路，导致交通事故频发。由于生活便利度不够和房屋价格高企，许多市民被迫选择在郊区落户。

尽管巴西利亚没能完全实现其设计者的初衷，但瑕不掩瑜，它依然成为世界城市建设史上的一座丰碑，也是人类尊重地理规律、利用自然条件、兼顾安全与发展的一个范例。而且，巴西的成功迁都具有典型的示范意义，“巴西利亚经验”至今仍为其他国家的行政区划设计和城市规划建设提供着重要参考。

神奇的努尔苏丹

1994 年 7 月，时任哈萨克斯坦总统纳扎尔巴耶夫力主议会通过将首都从阿拉木图北迁至阿克莫拉的决议时，现场“就像引爆了一枚炸弹”。总统纳扎尔巴耶夫在随后的纪录片中幽默地回忆道：“议员们或许并未严肃考虑迁都的中近期前景，他们觉得这事怎么也要过 40—50 年才实施，所以就决定给我一个生日礼物（其生日为 7 月 6 日）——投票通过！而民众却把我看作一个不切实际的‘冒进者’。他们说，‘我们的退休金没着落，教师医生的工资发不出，而他却要迁都！这得花多少个亿！’”

实际上，总统纳扎尔巴耶夫当时所面临的压力要远远大过他事后举重若轻的描述。1997 年 11 月 21 日，他签署迁都总统令，宣布 20 天后正式将首都迁至 1300 千米以外的北方城市阿克莫拉。与气候适宜、居民生活水平较高的原首都阿拉木图相比，阿克莫拉州首府阿克莫拉（在哈萨克语中意为“白色坟墓”）靠近西伯利亚，人口不足 30 万，冬季气温可达零下 40℃。总统令签署后不久，纳扎尔巴耶夫便带头北上，正式启动迁都行动。在这一史无前例的迁都过程中，由于不愿舍弃原首都的舒适生活而去“垦荒”，阿拉木图过半公务员辞职，一些官员也提前“跳槽”。其国《商队报》调查显示，该国官员的离婚率也大大上升。更有人想乘机作乱，称迁都事宜没有经过全民公决，完全是总统个人意愿，因此有“违宪”之嫌。

作为世界上最大的内陆国，哈萨克斯坦地处欧亚大陆中心，东接中国，西临里海，北靠俄罗斯，南邻土库曼斯坦、乌兹别克斯坦和吉尔吉斯斯坦，曾是苏联面积第二大的加盟共和国。1991 年独立后，哈萨克斯坦在总统纳扎尔巴耶夫的领导下，不断调整内外政策，逐步取得可喜成就，地区大国的潜质愈加凸显。在总统纳扎尔巴耶夫看来，新独立的哈萨克斯坦也要有新的首都，原首都阿拉木图已不能充分履行哈国政治、文化、国际交往和金融中心的职能，迁都势在必行。

就地理方位而言，阿拉木图处于哈萨克斯坦的东南边境线上，邻近吉尔吉斯斯坦和中国新疆。在苏联时期，哈萨克斯坦首府阿拉木图只起到地方省会的作用，“偏安一隅”也无大碍。但在哈萨克斯坦独立后，阿拉木图作为首都的区位格局便已明显不妥，它已无进一步发展的可能性，无法对全国形成有效的影响和辐射。而阿克莫拉市位于哈萨克斯坦的中北部地区，与各州首府距离都不远，且是哈中部、北部的交通枢纽，交通与市政基础设施良好，具备作为首都的必要条件。

就发展潜力而言，原首都阿拉木图位于阿拉套山北麓，三面环山，仅在北面有少许平原。其地理位置易守难攻，但却存在经济发展的“先天劣势”，特别是从地方省会上升为全国首都后，对城市的覆盖面积和人口承载都是巨大的考验。该市很难提供新的土地资源进行城市扩建，无法有效对外延伸，也不能发展卫星城。而新都阿克莫拉市地处半沙漠草原地带，伊希姆河穿城而过，水资源和土地资源非常丰富，拥有大规模建设所必需的各种资源。更让人担心的是，阿拉木图地处北天山地震带，地壳运动活跃，地震频繁，5 级左右地震时有发生，也可能造成破坏性泥石流。1812—1911 年，阿拉木图地区仅里氏 7.7 级以上强震就发生了至少 4 次。相比之下，地处北部的阿克莫拉没有发生大地震的历史记录，也不用特别考虑抗震的因素。

当然，如果仅从以上因素考虑，阿克莫拉市也并非新首都的最优选择。实际上，当时哈萨克斯坦的新都共有 4 个候选城市，其中既有该国的地理中心乌勒套市，也有重工业基地卡拉干市，还有著名的石油重镇阿克托市。阿克莫拉市之所以最后胜出，其决策的背后是深远的国家安全与战略考量。正如该国一位人口统计学家所指出的："回过头看，当时所有其他的迁都理由都是次要的，甚至是一种干扰。"

首都北迁的主要目的是，对内实现该国区域民族和人口平衡，对外抑制地缘政治因素的负面干扰，防止分裂以维护国家安全。历史上，沙俄征服中亚留给该国的影响深刻而复杂：18 世纪末和 19 世纪初，中亚各汗国内部纷争不断，加之其地贫困落后，给了沙皇俄国入侵的可乘之机。沙俄从西西伯利亚南下最先拿下的就是哈萨克草原。俄国统治者持续向该地区大规模移民，苏联领导人也趁哈国行政区调整之际将部分俄罗斯人占多数的州强行并入，以降低哈萨克斯坦主体民族比重，增加俄罗斯族比重。其目的是要向大片"无主荒地"转移俄罗斯人口，并有计划地造成局部上占优势的"斯拉夫民族文化区"。这一历史对苏联解体后哈萨克斯坦构建独立的民族国家产生了诸多不利影响。

1989 年，在哈萨克斯坦的东哈萨克斯坦州、卡拉干达州、科斯塔奈州和阿克莫拉州居住着 45%—65% 的俄罗斯族人和 17%—28% 的哈萨克族人。以百万人口的阿克莫拉州为例，俄罗斯族有 44.8 万人（占比 44.7%），而哈萨克族仅为 22.5 万人（占比 22.4%）。作为该国的主要工业区，哈萨克斯坦北部俄语居民人数比例甚至达到了 65%—75%。与此同时，大部分哈萨克族人（占比 55%—80%）聚居在该国西部和南部的农村地区（1989 年数据），人口和劳动力严重过剩。20 世纪 90 年代中期，哈萨克斯坦南部失业率最高，2/3 的人口收入低于贫困线水平。如此不平衡的人口和民族分布不仅加剧了该国经济和社会的不稳定性，也导致了国内民族问题长期复杂尖锐：哈萨克族及其他少数民族与俄罗斯族龃龉不断，哈萨克族内部屡有分歧。更令人担忧的是，哈国独立之初，人心未定、百废待兴，北部诸州的分裂主义情绪不断滋生。俄罗斯族人不但对新独立的国家缺乏认同感和归属感，还有争取扩大自主权的趋势。这成了纳扎尔巴耶夫总统的一大“心结”。

原首都阿拉木图位于东南边陲，距离与俄接壤的北部三州（巴甫洛夫达尔州、北哈萨克斯坦州和科斯塔奈州）分别为 990 千米、1400 千米和 1500 千米。作为该国的行政中心，若不能有效辐射全国，恐将引发国家安全问题。而阿克莫拉市位于俄罗斯族居多数的北部地区和以哈萨克族为主的南方的分界线上，与北方三州的距离都在 500 千米以内。更何况，从地缘政治上看，把首都迁往以俄罗斯族为主的北部，可以有效抑制其较强的分离主义倾向，起到制衡俄罗斯族主导的北方工业带的作用，进而达到确保国家统一与独立自主发展的战略意图。

除了首都北迁以外，纳扎尔巴耶夫总统还采取一系列措施提升主体民族在国家中的主导地位。如 1992 年出台《移民法》，号召以前流亡国外的哈萨克族人回归祖国；在国家权力分配时向哈萨克族倾斜；在西部和南部七州推行“去俄语化”运动，所有国家机关已率先实现国语化等。2017 年，总统纳扎尔巴耶夫更是决定将现行的基里尔字母改为拉丁字母，以进一步摆脱俄罗斯文化的影响。

事实证明了总统纳扎尔巴耶夫首都北迁的英明。随着大量哈萨克族迁入阿克莫拉，哈国北部的人口结构产生变化。据统计，1999 年，科斯塔奈州、巴甫洛夫达尔州和北哈萨克斯坦州的哈族人口占比分别为 30.9%、38.7% 和 29.6%；到 2010 年，三州的哈族人口占比已经分别上涨到 36%、46% 和 34%，这对于控制北部领土起到了异常重要的作用。2013 年，该国哈萨克族人口占比已达 64.6%，而俄罗斯族人口降至 22.3%。哈萨克族成为哈萨克斯坦名副其实的主体民族。

1998 年 5 月 6 日，阿克莫拉被正式更名为阿斯塔纳，意为“首都”。2019 年 3 月 23 日，该市再次被更名为努尔苏丹，以致敬刚刚卸任的总统努尔苏丹 · 纳扎尔巴耶夫。经过 20 多年的发展，努尔苏丹已是哈萨克斯坦的政治、文化和金融中心，并成为欧亚大陆中心的一颗明珠。这里曾举行各类国际性论坛和活动：

< 哈萨克斯坦首都努尔苏丹总统府

阿斯塔纳经济论坛、欧安组织首脑会议和上海合作组织首脑峰会等。近几年，叙利亚问题阿斯塔纳会谈也多次在此召开。作为当今世界最年轻的首都之一，努尔苏丹越来越成为举足轻重、充满活力的后起之秀。

从仰光到内比都

说起缅甸，很多人可能会首先想到仰光，也可能还会有人认为仰光就是缅甸的首都。不错，仰光自 1948 年缅甸独立以来一直都是缅甸的首都，也是缅甸的经济、金融、文化和工业中心，人们所熟悉的佛教圣地——大金塔就坐落于此。不过，如今缅甸的首都并不是仰光，而是内比都。2005 年 11 月，缅甸政府突然宣布迁都计划，将首都从南部的仰光搬到中部的彬马那，引起世人的关注。2006 年 2 月 16 日，缅甸中央政府各部门全部迁至彬马那。同年 3 月 27 日，缅甸正式将彬马那改名，以“内比都”（缅甸语为“皇都”之意）命名新首都。

与大都市仰光相比，内比都几乎不为外界所知。它地处缅甸的中心，距离缅甸第二大城市曼德勒 250 千米，距离仰光 390 千米。历史上，彬马那曾是缅甸的第三大城市，也是缅甸民族英雄昂山将军发动独立战争的军事要地。但在 2005 年缅甸政府决定迁都之际，该地区的经济以农业、林业和畜牧业为主，工业发展落后，人口也不足10万，基础设施建设严重滞后。这样一个名不见经传的小地方一夜之间就成为缅甸的新首都，曾一度引起国际社会的种种猜测。甚至有传言称，缅甸政府是通过占卜之后才选定“风水”较好的内比都迁都。

缅甸将首都搬到如此不起眼的小城，主要是出于安全方面的考虑。用缅甸外交部和宣传部的话说，迁都是基于国家的长远战略需要，理由有三。首先，首都由南部迁至全国的中心地带和战略要地，有助于中央政府加强对缅甸北部的控制和对少数民族的管理，确保国家和社会的安定，此乃迁都的主要原因。众所周知，缅甸是一个多民族国家，大大小小的民族多达135个，其中缅族是第一大民族。在封建王朝时期，各民族及部落争权夺利，经常爆发冲突。缅甸独立后，生活在沿海地区的缅族成为国家的主要统治集团，而生活在僻远山地的少数民族，因经济资源匮乏、生活条件恶劣，直接导致了缅族与少数民族之间的对立。独立以来，缅北少数民族地方武装拥兵自立，与中央政府冲突不断，危及国家安全和社会稳定，成为当今缅甸国家治理和社会发展中的棘手问题。由于仰光地理位置靠南，此前在仰光的中央政府疏于对北部少数民族地方武装进行管理。而内比都位于缅甸中心，靠近少数民族地方武装活跃的掸邦、克钦邦等地，便于中央政府对少数民族加强管辖，对其武装形成威慑。此外，仰光作为首都过于靠海，致使国家发展的中心集中于沿海，而忽视了广大的内陆地区。迁都中部以后，内比都的建设与发展可以带动中部地区的经济崛起，扩大经济辐射圈，实现国家现代化，有利于推动少数民族地区的经济发展，可以从根本上解决地区发展不平衡的问题。

其次，迁都有助于防范来自海上的安全威胁。仰光位于缅甸南部，南临莫塔马湾，靠近安达曼海和孟加拉湾，直面印度洋，往南不远就是世界上最重要水道之一的马六甲海峡西出口，地理位置可谓优越。但正是由于靠海较近、地势平坦，仰光极易成为海上和空中的打击目标。相比之下，内比都远离海岸，拥有300多千米的战略防御纵深，四周山峦叠嶂，易守难攻，首都搬迁至此可在一定程度上规避来自海上的威胁。有舆论甚至认为缅甸迁都旨在躲避来自美军的打击，此言论虽然至今仍饱受争议，但可以肯定的是，缅甸自独立以来与美国的关系一直较为紧张，避免遭受美国的侵犯一直是缅甸外交与安全战略中的一项重要任务。1988—1997年，美国以“民主、人权”为由对缅实施全方位制裁，企图迫使缅转变为西式“民主国家”。2003年，在美国和本国民主势力的压力下，缅甸军政府推出了“七步走”的民主路线图，旨在建立有秩序的民主制度，通过议会选举产生新的国家领导人。然而缅甸的改革并未获得美国的认可，2005年初美国将缅甸军政府列为“暴政据点之一”，斥责其为影响地区安全和稳定的“毒瘤”，对缅保持高压，缅甸政府由此意识到美国的威胁近在眼前。尤其是“9·11”事件后，美国先后对阿富汗和伊拉克动用武力，如今又将缅视为“暴政前哨”，令缅甸军政府对美国的担忧进一步加剧。缅甸迁都前后，一度有传言称，缅甸军政府本计划将军事指挥机关搬到内比都，建立第二套指挥系统，以备仰光遭到入侵后，仍能指挥全国军队。如今军事设施仍然留在仰光，行政中心迁至内比都，此搬迁方案或许与最初的设想不同，但至少反映出缅甸军政府确实对外敌入侵有强烈的担忧。预防来自海上的外部威胁，可谓促成缅甸政府迁都的重要考量。

再次，仰光靠海，且位于地震带上，易受飓风、海啸、洪水、地震等灾害侵袭，迁都中部则可减少此类威胁。2004 年印度洋海啸爆发时，仰光就是受损严重的城市之一。而就在 2005 年迁都之后不久，2008 年，仰光遭遇了“纳尔吉斯”飓风的袭击，导致仰光、伊洛瓦底省、勃固省、孟邦、克伦邦 5 个省、邦的 14 万人丧生，受灾民众达到 160 万—250 万人，直接经济损失 170 亿美元，这是缅甸历史上最严重的一次自然灾害。幸运的是，此时缅甸首都已迁至内比都，得以躲过一劫。

如今，缅甸迁都已经 16 年。这座耗资 40 亿美元打造的新首都总面积达 2724.75 平方英里，是原首都仰光的 9 倍，下辖彬马那、蕾围、达宫、欧达亚帝力、戴奇拉帝力、博巴帝力、滋布帝力、泽亚帝力 8 个镇区。人口 92 万人，比 2005 年迁都时增加了

9 倍，主要居民为缅族，另有掸族、德努族、勃朗族、勃欧族、克钦族、克耶族和克伦族等少数民族。农业和林业是当地支柱产业，但工业发展仍不见起色。

近年来，随着人口的增加，内比都的贸易和服务业开始兴旺，城市建设也有声有色。内比都分为宾馆区、住宅区和政务区等不同区域。其中宾馆区最具亮点，十几家宾馆依次排列，多数是富有缅甸特色的别墅式建筑。内比都“地广人稀”，每当夜幕降临，街区灯火通明，但大部分酒店却空空如也。只有举行大型国际会议或有外国政要到访时，内比都才会稍有人气。

目前，基础建设不完善仍是内比都面临的主要瓶颈。比如，这里缺乏具有世界水准的医疗设施，公共交通也不发达。从内比都直飞其他国家或城市的国际航班寥寥无几，内比都机场的国际航班柜台时常处于关闭状态。再如，停电在内比都司空见惯。一些外资公司为了停电后能够尽快恢复电力，刻意选择租住政府官员的房子，这样就可以在停电大约半小时后迅速恢复用电，而隔了一条马路的住户则有时可能要等上几个小时。由于基础设施建设不完善，目前大多数国际机构和使领馆仍未搬到新首都。当地一份房地产调查报告显示，若要让所有国际机构和使领馆都迁到内比都可能还需 10 年时间。毋庸置疑，在可预见的未来，仰光仍将是缅甸的经济、文化中心和交通枢纽，新首都内比都的发展仍需时日。

参 考 文 献

1 侯仁之:《历史上的北京城》，中国青年出版社 1962 年版。

2 辛向阳、倪建中主编:《首都中国：迁都与中国历史大动脉的流向》，中国国际广播出版社 1997 年版。

3 军事科学院战争理论和战略研究部编著:《安邦大略：中国历代国家安全战略思想论析》，军事科学出版社 2007 年版。

7

第七章

向海图存
向海而强

海洋既是世界贸易的重要通道，又是国家间战略角力的关键战场，正如孙中山所言："海权操之在我则存，操之在人则亡。"近代以来，中国的安全威胁主要来自海上，亦如梁启超所叹"四千余年之大梦之唤醒，实自甲午战败"。时至今日，在迎来中华民族伟大复兴的重要关头，我们在海洋方向仍然面临大量的历史遗留问题和西方制度话语陷阱。着眼未来，中国拓展国家利益的重要出路和门户在海上，与主要对手展开博弈较量的主阵地也在海上。

海洋铭刻中华荣辱

中国是陆海兼备的大国，西、北向陆，东、南临海，逐浪成海的历史从一个侧面记载着中华民族的兴衰。

中华民族临海而生、向海而兴，是世界上最早走向海洋的民族之一。从上古时期开始，中国古代先人就把目光投向了海洋，大约在黄帝时期，我们的祖先就用石锛、石斧造独木舟向海洋进发。进入春秋战国后，各国舟师普遍掌握了海洋导航等航海技术。公元前85年，吴国与齐国的舟师在黄海爆发了一场海战，这是历史上有籍可证的最早海战。秦始皇统一六国后，先后四次到沿海地区巡视，今天青岛的琅琊台就有秦始皇巡海的纪念标志。

到了汉代，中国海疆的开发与管理进入了一个崭新时期，汉王朝组建了规模庞大的楼船军，中国也成为当时世界上最先进的海洋国家之一。唐、宋时期，以泉州为代表的一批港口城市迅速崛起，海上丝绸之路有了更大的发展，海洋成为重要的对外贸易通道。宋代是中国海洋贸易的繁荣期，随着指南针和造船技术的日益成熟，远洋航行的风险逐渐下降，北宋宣和时期的《萍州可谈》记载："舟师识地理，夜则观星，昼则观日，阴晦观指南针。”《针经》则专门记载了当时的海路。元朝是一个奉行扩张政策的帝国，也已建立了强大的水师，但其行动大都以失败告终。明朝开创了中国历史上筹办海防的先河。朱元璋登基后，以极大的精力投入海防建设，在北起鸭绿江口、南至北仑河口 1.8 万千米的海岸线上设卫、置所，建立了初具规模的海防体系。但是适逢大批倭寇滋扰中国东南，加之为了削弱东南地主阶级，朱元璋制定了禁海的防卫方针。自郑和下西洋起，世界进入了大航海时代。在西欧跳出地中海狭窄的空间转向世界大洋之前，中国就已率先驶出东南亚，走向太平洋和印度洋。直至明朝初期，中华民族的海洋事业仍遥遥领先于世界其他国家，取得无与伦比的航海成就，但最终郑和举世无双的舰队却被一把火烧掉了。在明朝宣德以后，中国海防日渐废弛。

明、清两朝陶醉于天朝大国的梦境里，实行闭关自守的禁海政策，与世隔绝长达 400 年之久，压制了中华民族的开拓进取精神，一个曾经强盛开放的中国日渐衰落，最终被西方列强的坚船利炮从海上打破国门，沦落到任凭外敌欺凌的地步。清朝以弓马得天下，清初的统治者对海防难有深刻认识，只是一味沿袭明代“以防海盗为主”的海防思想，康、雍、乾三朝虽有加强海防的举措，但都没有大作为。

正当东方的大清国昏睡之时，新兴的英帝国伺机发动了两场极不对称的“鸦片战争”，打开了中国的海上门户。从此，“失败—签约—再失败—再签约”，成了中华民族近百年来挥之不去的魔咒；割地赔款，赔款割地，成了晚清政府唯一要做也是唯一能做的事情，其先后签订了 600 多个不平等条约，割让了 300 多万平方千米土地。第二次鸦片战争惨败之后，经洋务派中坚力量推动，中国近代海军建设明显加快，各方面都胜日本一筹。但李鸿章作为兴办近代海防的领军人物，仍坚持“守疆土，保和局”的消极海防战略，导致 1894 年中日甲午海战中国大败。

北洋军阀和国民党南京政府对海防有心无力。19 世纪末，美国人马汉出版了《海权对历史的影响（1660—1783 年）》一书，在世界范围产生了广泛而深刻的影响，掀起新一轮进军海洋的大潮。辛亥革命后，国人无不期望走上富强之路，然而中国不久又陷入了军阀混战的局面。1912 年孙中山就任中华民国临时大总统后，立下“兴船政以扩海军”的誓言，但由于他在位时间很短，其宏伟志向没有实现。蒋介石的南京国民政府提出“十年之中要扩充海军军舰达到六十万吨之地位”，但由于其忙于内战，该计划被束之高阁。1935 年华北事变之后，日本侵华野心昭然若揭，但此时的中国已是“有海无防”“有海难防”了。1937 年抗日战争全面爆发后，日本几乎没遇到什么有效抵抗就占领了中国的沿海。据统计，1840—1940 年间，帝国主义列强从海上入侵中国达 479 次，其中较大规模的 84 次，使中国蒙受了 100 多年的奇耻大辱。

世界锁钥

海上咽喉要道是国际贸易和军事斗争的重要节点，曾有英国海军战略家将其比作“锁住世界的钥匙”，在20世纪这样的“钥匙”只有5把，包括多佛尔海峡、直布罗陀海峡、苏伊士运河、马六甲海峡和好望角。到冷战后期，美国对此加以大幅扩充，明确了16个从其周边到远海的海上咽喉，并强调了它们对全球安全战略至关重要。

从东方来看，马六甲得失折射安危之变。马六甲海峡位于马来半岛和苏门答腊岛之间，全长约1080千米，是沟通印度洋和太平洋的咽喉要道，也是世界上通航历史最久、航运量最大的海峡之一。自古以来，马六甲就是联系东亚贸易圈与印度洋贸易圈的“海上十字路口”。

马六甲得名于海峡东岸南段的古代马来人王国，中国史书称“满剌加”。马六甲王国坐拥海峡良港，成为阿拉伯文化、印度文化与中华文化的交汇之处。其建国时，北部暹罗强盛，时刻有进犯之虞。恰逢明成祖朱棣重视发展海外关系，遣使周边，马六甲意识到明朝是本地区最强大的保护者，可以帮其摆脱暹罗的威胁。《明史》记载，满剌加开国统治者拜里米苏拉不仅一手确立两国朝贡关系，而且亲自携王妃、王子跨海出访，觐见明朝皇帝。此后数十年间，两国联系极为密切，马六甲国王曾16次遣使来华朝贡，三代国王更是5次亲赴明朝，郑和七下西洋时亦5次驻节马六甲，中国商人也在海峡地区获得免税的特殊待遇。

西方国家起初同样从安全的视角打量着马六甲。16世纪葡萄牙第一位到达中国的使者多默·皮列士途经此地，看到马六甲城贸易兴盛、商客云集，便在其著作《东方志》中写道，“任何主宰马六甲的人都能控制威尼斯的咽喉”。1511年葡萄牙远征军攻克马六甲，并在此之前做了充分的情报准备。据日本学者所著《南蛮船贸易史》记载，1508年葡萄牙国王在一份敕令中，命人详细弄清马六甲的商人来自哪里，每年来航船只的数量，马六甲及其他地方有无商馆与武装，衣服的样式与体格的大小以及宗教情况等。在掌控这一海上战略要地之后，葡萄牙的势力急剧扩大，史称“佛郎机遂纵横海上无所忌”。

马六甲的沦陷成为近代中国丧失外部安全主导权的历史拐点。从更广阔的时空视角来看，这是中国封建王朝在外围第一次受到西方冲击，但当时无人意识到其深远影响和严重后果。据《明实录》记载，马六甲王国被占领后曾遣使赴明王朝请求援助，但当时的正德朝廷已无法对此做出主动而有力的反应。海上安全威胁以马六甲为桥头堡，已悄然来到中国，并在某种程度上揭开了中国近代动荡与屈辱史的序幕。葡萄牙人占领马六甲引起后果严重——不仅彻底切断了中国与印度洋沿岸诸国的传统联系，而且操控了欧洲市场上丝绸、瓷器和香料等东方物产的定价权。

英国著名东南亚史学者霍尔在《东南亚史》一书中更加明确指出："亚洲感觉到欧洲人统治的威胁是从 1511 年开始的。"

从全球来看，海上要冲关联大国战略神经。海上要冲素来是兵家必争之地。黑海海峡包括博斯普鲁斯海峡、马尔马拉海和达达尼尔海峡三部分，全长 361 千米。它割断了欧亚大陆，既是地中海强者进入伊斯坦布尔的门户，也是黑海国家出海的唯一通道。历史上，为争夺这一要冲，发生过多次惨烈的战争。俄国学者称："'（黑海）海峡问题'是俄国外交 300 年里最重要、最复杂的问题之一。" 19 世纪后期叶卡捷琳娜二世为夺取黑海的出海口，以克里米亚为起点发动了旷日持久的系列战争。恩格斯曾以"在土耳其的真正争论点"为题写道："俄国如果控制了黑海海峡，那里将成为它向欧亚扩张的基地，黑海和马尔马拉海将成为它无限制地发展海军力量的庇护所。"此后百年，"海峡问题"不仅深刻影响了两次世界大战期间的力量组合及其发展进程，也为 2014 年乌克兰危机中俄罗斯总统普京果断出手收回克里米亚提供了注脚。

直布罗陀位于欧洲伊比利亚半岛的东南端，与非洲大陆西北部仅一水之隔，扼守大西洋与地中海、印度洋、太平洋之航线。从地理位置上看，直布罗陀无疑更像是西班牙的一部分，而且曾于 1501 年被纳入西班牙版图。然而，1701 年西班牙王位继承战争中，直布罗陀被英国组成的联军攻占，并在《乌得勒支和约》

中被割让给英国，成为英国的 14 个海外领地之一，这也是英国唯一在欧洲的海外领地。如今，直布罗陀的战略地位愈加突出，它不仅是西欧与北欧国家之间能源运输的“生命线”，而且影响着美国第六舰队及北约海军进出地中海，其主权归属问题历经 300 多年变得更加复杂。

海上节点还往往牵涉国家荣誉与民族情感。马尔维纳斯群岛（英国称福克兰群岛，以下称马岛）位于麦哲伦海峡东部入海口，靠近阿根廷南部。英、阿两国人民对马岛都有割舍不断的情结。对阿根廷人来说，收回马岛主权是萦绕在其几代人心头的梦想。1982 年，当阿根廷总统加尔铁里决定出兵收复马岛时，民众群情激昂，13 个在野党发表联合声明以示共同对外。阿根廷误认为当时英国经济严重困难，不会贸然跨过大西洋劳师远征。但消息传到伦敦，英国同样群情激愤，首相撒切尔夫人慷慨陈词，“福克兰已成了我的生命、我的血液”，并当即组织“战时内阁”，抽调海军总兵力的 2/3，最终赢得马岛战争。而阿根廷政府则威信扫地，加尔铁里总统也被迫辞职。

从美国来看，经营支点成就海上霸权。美国历史学者卡明思在《海洋上的美国霸权》一书中写道，美国曾被视作世界上最大的“岛国”，其在国家发展的过程中始终面临英国、西班牙等海洋强国的强大压力，直到经过第一次世界大战的考验后，才成功崛起为唯一在大西洋和太平洋都拥有漫长海岸线的强国。美国海

< 直布罗陀海峡俯瞰

上崛起的成功之处就在于，主动塑造海上地缘环境，以点带面放大维护安全的战略能力。

直到南北战争结束，美国都是一个大西洋国家，在普通美国人眼中，太平洋作为地球上“最大的地貌特征”，不仅太平洋的彼岸显得遥不可及，北美太平洋沿岸地区也只是一片有待开发的“新边疆”。但这并不妨碍美国战略家将眼光投向那片仍被称作“南海”的太平洋，展现出经营海上支点的超前意识。1867 年，几乎来不及舔舐内战伤口，美国便出手占领了太平洋上的布鲁克斯岛（因处于跨洋航线中段，后被称为中途岛）。当时的美国海军只有 60 艘舰船，规模甚至不及智利海军。

在一战前大国争斗加剧的过程中，美国加快在海上投棋布子。1898 年，美国与西班牙的战争在家门口爆发，美国起初希望将欧洲人从距离佛罗里达不到 200 千米的地方赶走。但美国一些战略家立即意识到，如能借此控制遥远的菲律宾，将“在中国海峡上架起一道防线”，“如果利用得当，可以使整个太平洋地区成为美国的一个内湖”。对西班牙海上作战结束时，尽管总统麦金莱仍无法在地图上找到菲律宾的位置，但他排除陆军的反对意见，正式将马尼拉变成美国首个海外殖民地。1905 年日本在日俄战争中获胜，令美国在太平洋方向感到迫切的威胁。1909 年，美国海军规划部门正式决定在太平洋中部的珍珠港建设军事基地，并与北部的阿留申群岛、南部的萨摩亚等“中转站”构成完

< 巴拿马运河俯瞰

整的支点网络，对应跨太平洋的中、北、南三条航线。

巴拿马运河成为美国解开地缘安全困局的“钥匙”。运河开通之前，美国东、西海岸之间，或者从欧洲经美洲到亚洲必须绕行南美大陆最南端的合恩角。马汉曾在《地峡与海权》一文中提出所谓的“中美洲地峡困局论”，认为地峡一旦贯通，“对美国来说等于一场灾难”，欧洲强国会因此染指加勒比海，进而威胁美国沿海地区。但随着海军建设大踏步前进，美国对开通运河战略作用的认识也发生了变化。美国总统西奥多·罗斯福深知，美国国家安全最大的危险是同时在两个方向对抗英、德和日本的海上进攻。1909 年，他在离开白宫时特意给继任总统塔夫脱留下书信，叮嘱其“巴拿马运河竣工以前，在任何情况下都不要将战略舰队分散到大西洋和太平洋”。1914 年 8 月，就在第一次世界大战爆发后的几天，巴拿马运河竣工，美国得以随时在两洋之间灵活调动舰队，并将加勒比地区彻底变成美国的“海上后院”。

争夺制海权

近代以来，广阔的太平洋连续上演着争夺制海权的戏码。80 年前，日本海上争霸一场空，从反面证明了太平洋的确足够宽广。

日本是最早将西太平洋揽入怀中的国家。当美国“黑船来航”叩响闭关锁国的大门时，日本意识到海洋是岛国安全的首要屏障，并开始维新变法、大肆扩张。第一次世界大战爆发后，趁着欧美列强无暇东顾，日本迅速占领德国在亚太地区的殖民地，将自己的势力范围推进到加罗林群岛、马里亚纳群岛及马绍尔群岛一线，将太平洋上的控制区扩展了 3000 海里。一战后，美、日在巴黎和会、华盛顿会议等一系列国际安排中暂时妥协，日本攫取了赤道以北的西太平洋广阔海域的制海权，美国则实现了对包括夏威夷和阿留申群岛在内的东北太平洋海域的统治。但美、日两国海权竞争的结构性矛盾并未缓解，日本对西太平洋的掌控直接在美国与菲律宾之间的海上通道上打入了楔子，而美国集结英国等势力对日本施压、迫使日本接受海军军备限制，也成为日本的心头恨。

盲目追逐整个太平洋，必然导致战略透支。对二战欧洲战场趋势的错误判断，使日本认为美、英没有余力将主要战斗力投入太平洋。1936 年日本退出伦敦海军军备会议，并在日本海军的极力推动下，将“南下”确定为所谓“大东亚共荣圈”的优先目标。而美国下决心对日本石油实施禁运更激化了美日间的矛盾，日本由此陷入对能源危机的深深恐惧之中，便决定铤而走险、先发制人。1941 年 12 月 7 日，日本偷袭美国珍珠港，太平洋战争由此爆发。在日本天皇 1942 年批准的《大东亚战争第二段帝国海军作战计划》中，日本对亚太甚至“印太”的野心一览无余：攻陷锡兰岛、斐济诸岛、萨摩亚群岛，攻陷中途岛，破坏阿留申群岛的作战基地，攻陷夏威夷。如果真如日本所愿，从东太平洋的夏威夷诸岛到东南太平洋的萨摩亚岛，再到南太平洋、印度洋的各主要岛屿都将插上日本国旗，包括美国在内的所有国家将被挤出太平洋，甚至印度洋。虽然自 1941 年 12 月开始，日本先后占领泰国、香港、马来西亚、新加坡、菲律宾、荷属东印度和缅甸等，共夺取了 386 万平方千米的土地，甚至短暂控制了海上航道和丰富的战略资源，但日本的国力远远不足以支撑对上述占领区域的军事防御和长期占领。

丢失岛屿链标志着海上优势易手。当大洋争夺全面铺开，美国、英国终于决心与日本“拼命”。1942 年，日本发动中途岛战役，企图一举歼灭美国在太平洋的主力，从而逼近美国西海岸，但最终被美国重挫，并使此举成为太平洋战争的转折点。随后，日本在瓜达卡纳尔岛之战等大大小小的战役中又损失了大量的舰船战机和有生力量，不得不从自己预期构筑的岛屿链上撤离。日本被迫做转入守势的战略调整，提出在班达海到东西加罗林群岛—马里亚纳群岛一线构筑所谓的“绝对国防圈”，因为美国一旦占领塞班岛，将能直接对日本本土进行空中打击。1944 年 11 月美军战机从塞班岛等空军基地起飞，大规模空袭日本本土，日本终于将“讲和”纳入其政策选项。至 1945 年日本无条件投降，美国完全掌握了太平洋制海权，日本建立海上霸权的野心彻底破产。

当前，大国战略博弈的舞台更为广阔，经略两个大洋成为海上较量新态势。

日本谋求借“印太”框架延展战略空间。20 世纪后期，日本经济腾飞，资源、市场两头在外，运输总量 99% 以上依靠海运，更有 80% 的原油经过南海，途经南海的航道被日本战略界奉为“海上生命线”。1978 年，日本首相中曾根康弘强调，“从地理政治学的角度来看，日本是个海洋国家”，这是日本为谋求更大战略空间、突破岛屿国家局限的再尝试，只是这一次日本采取了非军事化的柔和手段。从巴士海峡、台湾海峡、菲律宾到被称为“十字路口”的马六甲，日本政治家、企业、非政府组织穿梭往来，将利益与影响力深深嵌入海上通道的各个支点。从前首相小泉纯一郎提出的“海洋民主主义联邦”、麻生太郎提出的“自由与繁荣之弧”、野田佳彦提出的“民主海洋国家联盟”，到不久前卸任的首相安倍晋三提出的“钻石菱形构想”和“自由、开放的印太战略”，日本一直致力于塑造其“海洋国家”形象，立足美日同盟，密切与东南亚关系，与澳大利亚、印度走近，加紧向印度洋“进军”。

美国借“印太战略”拉帮结派，企图围堵中国。从 2007 年安倍晋三在印度国会发表《两洋交汇》的演讲，到 2017 年特朗普上台后在首次东亚之行中提出美国“印太战略”，美版与日版的“印太战略”从此交汇。其实自 21 世纪以来，全球战略重心历史性东移，地缘战略界早已开始关注“印太”这一概念，俄罗斯“南下”、印度“东进”、澳大利亚“北上”、日本“西出”，大国力量扎堆于太平洋西岸。2018 年，美军太平洋司令部正式更名为印太司令部，2019 年美国《印太战略报告》出炉。较之其以前的“亚太再平衡”，“印太战略”的变化在于，美国联手日本、澳大利亚、印度等拼凑“战略包围圈”，极力围堵中国的海上崛起。在美国将中国视为“战略竞争对手”的今天，美国谋求以所谓“印太海动”冲击“中国陆宁”，恐将加剧与中国的海上竞争。

中国走向深蓝

中国拥有 1.8 万多千米的大陆海岸线，海上安全环境十分复杂，维护领土主权、海洋权益和国家统一的任务艰巨繁重。习近平主席在视察海军机关时强调："建设强大的现代化海军是建设世界一流军队的重要标志，是建设海洋强国的战略支撑，是实现中华民族伟大复兴中国梦的重要组成部分。"海上崛起可谓中国崛起的关键一环，实现中国的海上崛起是历史和时代赋予的重任。

不能制海必为海制。鸦片战争前夕，中国的海防形同虚设。清军水师附属于八旗和绿营，难以称得上是近代意义上的海军，其整体水平仍处于木质帆桨时代，战船主力基本为单桅帆船和无帆桨船。受吨位和结构限制，一般仅布置数门火炮，而同时期英军舰队中最大的三级战列舰排水量已超过 1500 吨。当冒着黑烟、有两个大轱辘的英国明轮船把几十艘中国帆船冲得七零八落时，中国人才惊觉自己已被世界落下很远很远。

这种海上力量之间的代差使得两次鸦片战争期间英国侵略者可以在中国沿海肆无忌惮，所到之处如入无人之境。1840 年，英国侵略者由广东抵达浙江，乘浙江防务空虚，攻占定海，并沿海北上攻占天津大沽。1841 年 2 月，英军趁琦善撤除战备，攻陷广州虎门，5 月又占领泥城、四方炮台，炮击广州。同年 8 月，英国扩大侵略战争，攻陷厦门。1842 年，英军沿长江逆流而上进犯，连克吴淞、镇江两地，进逼南京，腐朽的清政府无奈向侵略者屈膝投降。在此期间，清军水师基本无法和英军在海上正面交锋，海战多以海岸炮台防御为主。清军水师偶尔也伏击英军舰队，但因舰炮和战术落后，反击往往无功而返，甚至损失惨重。

鸦片战争后，中国人与列强的“和约”越签越多，安享的和平越来越少，内忧外患、积贫积弱，百年屈辱、百年苦难。中国人从未放弃追求强大海军的梦想和努力，但殊不知海军的强大与一国的经济发达和政治稳定密不可分。清朝在洋务运动时期虽然创建了中国近代海军——北洋水师，但受制于内政腐败而难有作为，以至在中日甲午战争中全军覆没。民国时期，南京国民政府也曾为建设海军绘制宏伟蓝图，但受国力所限和国民党内部争斗等多方面原因限制，相关计划最终也只能停留在纸上。国民政府海军部长陈绍宽在 1934 年发表的《海战》一文中坦言，政府每年给海军的经费仅为英国海军预算的二百二十六分之一，日本的一百一十五分之一，“尚不逮他国一艘战斗舰经常费之半数”。即便在国内，对海军的投入也远少于对陆军和空军的投入。不过，陈绍宽一直没有放弃向海外订购军舰的努力。然而英、美、德各国报价都太高，不得已他只好选择价格最为低廉的日本播磨造船所承建“宁海”号教学舰，其中还有一个重要原因就是日方同意中国以东北大豆折价支付。令人更为难堪的是，抗日战争胜利后，当时国民政府甚至没有能力派舰队前往南海接受日本投降，最后还是美国根据《战时租借法案》将 271 艘各类舰船及其他必要器材拨让给中国，才使得接收南海诸岛所需的 8 艘舰只全部到位，并分头进驻南沙群岛和西沙群岛。在日本投降一年多之后，中国政府才终于恢复对南海诸岛的有效管辖。

1949 年 4 月 23 日，在中国人民解放军百万雄师过大江解放南京的同一天，中国人民解放军海军在江苏泰州白马庙宣告成立。遥想人民海军初创时，真可以说是“一穷二白”。据见证者回忆，海军成立时的全班人马，加上张爱萍司令员一共才 13 个人——5 名干部、8 名战士，可以说这是世界上最小的一支海军了，其全部家底加起来不过几千吨，还不如大国海军的一艘驱逐舰。

经过 70 多年发展，中国海军从无到有、从小到大、从弱到强，直至今天大踏步赶上时代发展潮流，取得举世瞩目的伟大成就，第一艘国产航母、大型驱逐舰相继下水，歼—15 舰载战斗机批量交付，新型战斗机、预警机、反潜巡逻机整建制改装，新型导弹、鱼雷实现战斗部署，捷报频传。目前，中国海军已经成为五大兵种齐全、核常兼备的战略性军种，彻底结束了中国“有海无防”和“望洋兴叹”的屈辱历史。

然而，随着中国军事现代化步伐的加快，尤其是中国海军进入“双航母时代”，一些国家又开始罔顾事实，别有用心地竭力渲染所谓“中国威胁论”和“中国军事扩张论”，极力阻挠、迟滞中国的海上崛起。在战略上，不少海上强国开始将中国视为军事假想敌，尤其忌惮中国海上力量的发展，并接二连三提出所谓“亚太再平衡”“印太战略”，变着花样推出各种以海制陆的作战概念。以上种种其目的只有一个，就是要把象征和平的蓝色大洋变为前哨和战场，变为“困龙于海”的锁链；在舆论上，用霸权与零和思维以己度人，在各种外交场合竭力抹黑中国海上力量建设是“有形威胁”，无视中国在东海和南海的领土主权和主权权利，利用国际法漏洞否定中国海洋权利的合法性；在行动上，以所谓“航行自由”为名，行“横行自由”之实，频频派遣军舰在中国周边海域炫耀武力，甚至将其海上执法力量派到南海搞起“长臂管辖”，还以各种名目拉拢地区国家举行海空军事演习，意欲构筑围困中国的海上战略封锁线。

向着深蓝出发，浪再大，也要扬帆。习近平主席在南海海域检阅部队时指出：“在新时代的征程上，在实现中华民族伟大复兴的奋斗中，建设强大的人民海军的任务从来没有像今天这样紧迫。”伴随着中国综合国力的不断提升，中国海军建设发生着历史性变化，取得历史性成就。如今，在亚丁湾、索马里海域，高扬着五星红旗的中国海军护航编队，已成为附近海域及当地最值得人们信赖的一支和平力量。中国海军和平方舟号医院船入列11年，9次出国门，累计航行24万余海里，到访43个国家和地区，航迹遍布蒙巴萨港、吉布提港、达累斯萨拉姆港、塞舌尔维多利亚港、吉大港等。展望未来，新时代的中国海军将加快推进从近海防御型向远海防卫型的战略转变，不断提高战略威慑与反击、海上机动作战、海上联合作战、综合防御作战和综合保障能力，并以越来越开放、越来越自信和越来越积极的姿态，为中华民族伟大复兴的中国梦保驾护航，为国际海洋安全与世界和平发展做出更大的贡献。

参 考 文 献

1 《马克思恩格斯全集》(第9卷)，人民出版社1961年版。

2 [美]A.J.科特雷尔、R.M.伯勒尔：《印度洋——在政治、经济、军事上的重要性》，上海人民出版社1976年版。

3 [葡]多默·皮列士著，何高济译：《东方志——从红海到中国》，江苏教育出版社2005年版。

4 [日]外山卯三郎：《南蛮船贸易史》，大空社1997年版。

5 [英]霍尔著，中山大学东南亚历史研究所译：《东南亚史》，商务印书馆1982年版。

6 [美]布鲁斯·卡明思著，胡敏杰、霍忆湄译：《海洋上的美国霸权》，新世界出版社2018年版。

7 [美]乔治·贝尔著，吴征宇译：《美国海权百年：1890—1900年的美国海军》，人民出版社2014年版。

8 张礼千：《马六甲史》，商务印书馆1941年版。

9 林梅村：《观沧海：大航海时代诸文明的冲突与交流》，上海古籍出版社2018年版。

10 Alfred T. Mahan, The Interest of America in Sea Power: Present and Future, Boston: Little & Brown, 1898.

8

第八章

太空：新疆域与制高点

人类过去200万年的历史基本都是在地球表面进行的。从猿到人，从部落活动乃至帝国兴衰，都未能摆脱地球引力的束缚。皇天后土，碧波万里，仿佛就是人类生之所依、死之所归的全部世界。但太空时代的来临让人类第一次站在地球之外回望自己家园所在的星球，为人们打开了一个无穷无尽的资源宝库。随着科技发展，人类正加速朝着以多极化、军事化、产业化为突出特点的“第二太空时代”迈进，太空政治与地缘政治纠结交缠，已经并将继续深刻地改变大地上的力量平衡。

撬动地缘格局的新杠杆

对一个国家来说，最关键的事有两件：一是生存，二是发展。对大国来说，还要再加一件，那就是威望。而太空恰恰在这三方面都扮演着举足轻重的角色。

在军事上，太空被视为“终极高地”。人类刚刚进入太空，就开始了对太空的军事利用。20 世纪 60 年代，美国总统肯尼迪提出：“谁能控制太空，谁就能控制地球。”太空在军事上的重要意义源自其居高临下的区位优势，诚如孙子所言：“善攻者，动于九天之上。”在太空领域，这个“动”有两层含义：一是信息之动；二是武器之动。所谓信息之动，就是运用天基设施，主要是运用卫星进行监测、侦察、通信、导航、预警，为陆海空军事行动提供支持和保障。没有天基设施之前，人类靠陆、海、空基手段获取和传播信息，效率甚低，成本甚高，所获信息支离破碎，难成体系。有了天基设施，人类视野豁然开阔，思接寰宇之内，视通万里之外，陆、海、空各种军事活动高度整合为一个体系。20 世纪 90 年代初的海湾战争号称史上首次“太空战”，此后太空系统在多次地区战争中大显身手，推动战争形态加速向智能化方向演变。有了卫星联通，一名士兵坐在北美大陆的斗室之中，就可遥控无人机斩杀恐怖组织头目于阿富汗群山之间，这在没有天基设施的年代是不可想象的。无怪乎指挥阿富汗战争的美国中央司令部司令汤米·弗兰克斯将军说，指挥官已变得如同《荷马史诗》中的奥林匹亚诸神，可用“千里眼”穿透战争迷雾。但太空信息的重要性也带来了信息化军队的脆弱性，美国认为太空基础设施是其“阿喀琉斯之踵”，最让美军担心的场景之一就是所谓的“太空珍珠港事件”。

所谓武器之动，狭义来讲就是运用天基武器，攻击太空设施或地面目标，广义来讲还包括以地基武器攻击太空设施或导弹武器穿越太空。太空武器多见于科幻作品之中，但现实中已经存在。早在冷战期间，美、苏就试验过核、常规和激光反卫武器，还曾研究和试验过轨道轰炸器。更多的太空武器还蒙着“神秘面纱”，例如美军考虑从太空向地面投掷钨棒或钛棒，以摧毁地下加固设施。相较于陆海空基武器，狭义的太空武器即天基武器势能强大，行动迅速，不受领土领空限制，据称可在15分钟内攻击世界上任何目标，堪称潜在的战略武器。

鉴于上述战略价值，越来越多的国家认为太空是继陆、海、空之后的“第四种战争介质”，并认为太空力量将逐步从战争的辅助手段，发展成战争的支援手段，最后演变成独立军种。

在经济上，太空是尚待全面开发的“新大陆”。关于太空战略，最有名的便是美国20世纪80年代初提出的“高边疆”理论。该理论因为开启了“星球大战”计划而给世人留下了深刻印象，仿佛其主旨就是搞太空武器，其实格雷厄姆之所以将太空称作“高边疆”，还有另一层深意，即太空犹如美国的西部边疆，意味着财富和希望，正等待着人们去发现去开发。在这一思路指导下，当时的美国里根政府在军事和民用航天之外，另辟商业航天，鼓励私人资本进军航天领域。今天看来，此举颇具远见卓识。40年来，太空产业蓬勃发展，未来更将“钱途”无量。据瑞士银行预测，到2030年全球太空产业产值可达8000亿美元。时任美国商务部长罗斯指出，在未来20年内太空产业规模可达1万亿美元，足见太空产业潜力巨大。

太空之富来自何处？首先，是建立在太空基础设施之上的信息产业。在信息社会，太空基础设施堪称“基础设施之基础设施”，与人类生活息息相关。如果没有卫星，就无法进行通信广播、定位导航、气象预报、资源勘探，人们的整个生活就会倒退到前信息化时代。

其次，太空资源极为丰富。月球、小行星上均有储量巨大的各类矿物。美国太空战略学家加勒森说，各国在地球上争得头破血流，所争不过一国GDP的一个百分点，而太空资源则无数倍于全球GDP总额，善于开采利用太空资源的国家将获得与其领土和人口不成比例的优势。

再次，太空能源储量无穷。科幻作家艾萨克·阿西莫夫曾在20世纪40年代预言，可以用微波收集太阳能，将其发往不同的行星空间站。如建设太空太阳能电站，用巨大如篮球场的太阳能板发电，并将其远距离传输到日照不足的缺电地区。美军已与诺思罗普—格鲁曼公司签订合同，研发此类技术。中国也拟建设太空太阳能电站。以上设想和计划如能成功将大大缓解地球上的能源紧张，并减少因燃烧化石燃料而造成的碳排放。

最后，太空科技整体带动效应显著。历史经验表明，太空探索投入巨大，但回报也极为丰厚。现在很多新兴产业系航天科技孵化而来，如纳米技术、超级计算机、电子医学、编程，乃至纸尿裤都是航天工程的产物。

在政治上，太空是“大国皇冠上的宝石”。卫星上天让西方对苏联的实力刮目相看，这种震撼不仅仅是科技和安全上的，它甚至导致西方人开始质疑自己国家的制度、经济模式、文化，怀疑自己究竟是不是站在“历史正确的一边”。对于中国太空探索成就的重要意义，邓小平曾有一段著名论述：“如果60年代以来中国没有原子弹、氢弹，没有发射卫星，中国就不能叫有重要影响的大国，就没有现在这样的国际地位。”今日美国也极为看重太空领域的得失，用时任美国副总统彭斯的话说就是：“我们今天正处于一场太空竞赛之中，就像20世纪60年代我们的处境一样，而且事情所关系到的得失更为重大。”

太空也有咽喉要道

那么太空之中是否也有战略要地呢？答案是肯定的，正如在陆地上有一夫当关万夫莫开的雄关和咽喉要道，海上有关乎全球贸易和运输的海峡，浩瀚的太空也有自己的穴位和经脉，是各方必争、必保的要地。太空之中，核心要素是重力。天体越大，引力越强，形成的重力井越深，由此在太空之中造成了山峰与低谷。太空旅行所耗费的能量受重力影响很大，这不仅仅取决于距离之远近。

以地球为中心，太阳系内的太空可由近及远分为三个区域。一是近地太空，即由大气层上沿至距地表 3.6 万千米处。此乃地球轨道空间，是人类航天活动的主要区域，卫星均分布于该区域。位于赤道上空 3.6 万千米处的地球静止轨道是一种有限的位置资源，最具经济和实用价值。从理论上说，若以等距离在该轨道上放置三颗卫星，信号即可覆盖全球。因此，通信、导航、气象卫星都需要利用这一有利位置。1973 年《国际电信公约》将地球静止轨道和无线电频率规定为有限的自然资源，各国需通过国际电信联盟的分配机制获得轨位。一些赤道国家欲将其主权管辖范围延伸至地球静止轨道，便遭到航天大国的坚决反对。随着太空产业加速发展，各国对地球静止轨道资源的争夺只会更加激烈。

二是地月间太空，即由地球同步静止轨道处延伸至月球轨道之间的广阔太空。该区域的拉格朗日点具有极其重要的“天缘”地位，它处于地球引力与月球引力相抵消平衡的位置。航天器部署于该点，所受引力微乎其微，无须耗费宝贵的燃料就可永久停留于此。该位置是观测太空天气、环境的最佳位置，对太空探测、导航定位均具有重要意义。拉格朗日点是稀缺资源，因为太阳引力巨大，在整个太阳—地球—月球体系太空中，可供稳定利用的拉格朗日点只有5个（L1—L5）。其中L4、L5适合部署大型航天设施，战略价值更为突出。因此又有人说，“控制了地球周边太空，就能支配整个地球；而控制了月球，就能支配地球周边太空；而控制了L4和L5拉格朗日点区域，就能支配整个地—月系统”。

三是系内行星际太空，即从月球轨道外围至太阳系边缘的空间。在该区域，小行星是重要太空地缘政治因素，它们可能撞击地球，造成地球生物灭绝，但也可成为深空探测的基地，因此近年来此区域也成为太空探索的一大热点。

除此之外，还有两个与太空地缘政治密切相关的概念。一是临近空间。这是一个独特的太空地缘区域，又称近太空、亚太空等，是指航空器的上限与低轨卫星运行高度下限之间的空间，约距地面20—100千米。严格来讲，它不算太空，但与太空紧密相接。传统上，该区域被称为飞行器“死亡禁区”，因为该区域空气密度不足以支撑航空器飞行，但此地的空气阻力又使航天器难以正常运行。虽有以上种种缺陷，该区域特殊的物理条件却适合高超声速飞行器机动与长时间飞行，又因高超声速飞行器速度极快，难以防御，可能撬动全球战略平衡，因此使得临近空间也备受各方关注。

二是航天测控网络。航天器发射后要靠遥测、遥控及运维系统对其进行监视和控制，同时将卫星数据及时下传，建立星地通信链路。因此有人说："卫星上天后，玩的就是测控。"航天测控需要全球布局，在海外建设测控站，因此与传统地缘政治复杂纠缠，充满明争暗斗。

太空"高边疆"理论认为，哪个国家善于从一个领域迈向另一领域，哪个国家就能取得巨大的战略优势。工业革命时代，英国这样一个蕞尔小国凭借其强大的海军力量打造了人类历史上幅员最为辽阔的"日不落帝国"。在太空时代，善于把握先机并将其转化为军事和经济实力的国家也将占据战略主动，傲视群雄。

群雄逐鹿

或许有人要问，当前太空竞赛卷土重来，它与当年的"星球大战"有何异同？回答是假若冷战时期的美苏太空竞赛可称作

“第一太空时代”的话，那么我们现在刚刚打开“第二太空时代”的大门。

国际太空格局多极化。冷战时期，角逐太空的主要是美、苏两国。其余航天国家如英、法、中、日诸国只是崭露头角，难以望其项背。更多的国家则没有能力利用太空，更不要说发射自己的卫星。但冷战结束30年来，太空竞赛的格局日趋多极化。迄今为止，已有80多个国家将卫星送入轨道，其中12个国家有能力从本国领土上发射卫星，它们是美国、俄罗斯、中国、法国、英国、日本、印度、乌克兰、以色列、伊朗、朝鲜、韩国。按综合实力算，全球航天国家大体分为四个梯队：美国技术全面，政策配套完善，遥遥领先，独居第一梯队；俄罗斯、欧洲航天局、中国、日本、印度为第二梯队，它们均建设了较为完整的航天体系，各有其优势，但也都有短板；乌克兰、以色列、伊朗、朝鲜为第三梯队，它们拥有独立航天发射能力，但航天体系建设不够完备；韩国、澳大利亚、加拿大、意大利、巴西、南非等拥有一定航天设备制造能力的国家为第四梯队。当今世界地缘政治也映射到太空之中，使国际太空格局呈现以下三个趋势。

一是美国及其西方盟国仍占绝对优势。美国的太空战略目标是在竞争日益激烈、空间日益拥挤的太空多极化时代维持霸权。与其国家安全战略理念一脉相承，在太空领域，特朗普政府也强调“美国优先”和“以实力求和平”。它认为“美国的竞争对手和敌人已经使太空成为作战域”，强调要“以实力维持太空疆域的和平”。2017 年美国《国家安全战略》提出，美国必须维持在太空中的领导地位以及行动自由。美国认为不受约束地进入太空，以及在太空行动的自由是其关键利益。对于任何有害的干扰，和对美国太空基础设施关键部件的攻击，美国将在自己选择的时间、地点和领域予以回应。在机制上，特朗普政府重建太空委员会，由副总统挂帅，加强航天事务协调。在军事航天方面，美国积极准备打太空战，宣称要设法在太空中慑止、反制和击退各类威胁。在深空探索方面，美国实施“三步走”计划，目前的第一步是继续利用国际空间站作为实验和研究平台，第二步将在 2024 年前后在月球轨道上建成“深空门户”太空港，第三步到 2033 年前后进军火星。在商业航天方面，美国简化和更新了商业航天活动管理规定，以增强竞争力。

欧洲通过欧洲航天局团结自强，但挑大梁的是法国，它将太空视为国家安全的命脉。2018 年 7 月，法国总统马克龙表示：“太空领域如今对我们的军事行动至关重要。无论是从其所能提供的难以置信的潜能来看，还是从其可能爆发冲突的角度来说，太空都是国家安全的真正核心所在。”

在东亚，日本以“温水煮蛙”的方式，逐步推进其太空战略。2008 年日本颁布《宇宙基本法》，废除了 1969 年国会“和平利用太空”的规定，允许太空与卫星为国家安全服务。2013

年，日本颁布国家安全战略文件，明确要求太空为国家安全服务。2018 年 12 月日本修订的《防卫计划大纲》将太空、网络、电磁波定位为相对陆、海、空传统领域的新领域，强调在“太空、网络空间和电磁空间这些新的领域获得优势地位对日本极其重要”。

美国还拉拢其盟国构建太空联盟，加强太空合作，共享太空情报，互相提供支持，同时试图对发展中国家进行封锁，实施太空技术禁运。例如，2015 年 4 月签署的《日美防卫合作指针》要求两国进行太空合作。2019 年 12 月，北约伦敦峰会宣布太空是新的作战域，并承诺将共同应对针对卫星的网络攻击。当然，现在国际社会深度相互依赖，纵有太空联盟，各国之间也不像冷战时期那样壁垒分明，而是你中有我，我中有你，竞合共存。

二是新兴经济体在太空领域表现亮眼。较之苏联时期，俄罗斯航天能力有所萎缩，但近年已有反弹。其重心在保持航天能力，同时寻求重点突破，试图利用太空优势确保国家安全，促进经济发展。从 2013 年到 2019 年，俄罗斯卫星更新了近 80%，数量增加了 50%。一度残缺不堪的“格洛纳斯”全球导航系统已于 2014 年恢复正常，现有 24 颗在轨卫星。在军事航天领域，俄罗斯空天防御部队与空军于 2015 年 8 月合并，组建为新的空天军部队，负责航天器的发射和管理，并承担空天作战使命。在航天经济方面，俄罗斯颁布了《航天活动法》，将航天活动视为

"国家最高等级的优先发展项目"，为此对外开放航天市场，提供各种航天服务。

中国航天已走过60多年光辉历程，创造了"两弹一星"、载人航天、月球探测等辉煌成就，目前在第二梯队中排名较为靠前。在航天发射方面，新一代运载火箭"长征五号"研制成功，标志着中国的航天发射能力登上新台阶。2018年中国航天发射次数达37次，居世界首位。在导航方面，中国自主开发的卫星导航系统"北斗"于2018年12月27日开始向全世界提供服务，成为全球四大导航系统之一。在载人航天方面，2003年第一艘载人航天飞船发射，2008年首次太空漫步，2011年飞船和飞行器首次太空对接。在深空探测方面，2007年将月球卫星送入轨道，2012年中国卫星对月球进行了探测，2019年实现人类探测器首次月背着陆成功。未来，中国将发射"天舟一号"货运飞船，与在轨运行的"天宫二号"空间实验室进行交会对接。2020年，中国首颗火星探测器"天问一号"发射成功，实施环绕和巡视联合探测。

印度现拥有完备的航天组织机构，掌握了制造和发射火箭、卫星的技术，未来还将着力研发高效运载工具，建立军用卫星网，并努力开发载人航天技术，准备实施登月计划。

三是私企在太空中日益活跃。例如，在美国，从1958年到2009年，几乎所有太空投资都来自政府。而刚过去的10年间私

人对太空的投资已增至年均20亿美元，占总投资的15%，且将进一步增加。有些企业家雄心勃勃，凭借其成本优势和狂热的个人梦想搅得太空领域风起云涌，如马斯克就致力于让人类移居太空。

太空军元年

太空军正式登上历史舞台。美国太空军建设在2019年取得历史性突破。2019年3月，美国国防部设立太空发展局，8月成立太空司令部。12月，美国国会通过立法，成立第六大军种——太空军，与陆、海、空、海军陆战队、海岸警卫队并列。其实太空军事化自人类进入太空之日就已开始，种种太空军事建制在各国并不鲜见。如在1978年，美国卡特政府就提出将太空力量融入军事行动。之后，美国在20世纪80年代成立了空军航天司令部、海军航天司令部、联合航天司令部和陆军航天司令部。但此前的航天军事建制重在导弹防御和天基支持保障，而美国太空军则把太空本身视为争夺领域，要发展进攻性和防御性的太空作战手段，这既包括导弹防御，也包括卫星攻防。因此，从其战略定位而言，它已经超越了当年“星球大战”的本土防御目标。

美国正式成立太空军具有极强的示范效应，其他各国纷纷跟进。2019年9月，法国成立太空司令部，隶属于空军，其最终目的是要建设空天军。按照计划，太空司令部将于2025年全面运行，初步编制为220人，此后将逐步扩大规模。法国成为继美国之后第二个宣布成立太空司令部和空天军的西方国家。英国也在积极考虑制定国防太空战略。英国空军参谋长希利尔称，将改革第23中队，使之成为负责日常的空间指挥和控制的太空中队——卫星飞行以及与盟友的重要协作，未来空军应改称“皇家空天军”。日本也紧随美国，加快了太空军事化步伐。2019年9月17日，时任日本首相安倍晋三对外宣布日本空军未来将转变为空天部队。2020年1月20日，他在国会发表政策演讲时又表示，日本将组建一个太空防御部门，以保护日本免遭可能的威胁。根据计划，隶属日本航空自卫队的“太空领域任务组”已于2020年5月启动，并将以此为基础在2022年建成太空监视部队，2023年全面投入运行。印度于2019年4月宣布组建国防太空署，负责统一调度、指挥原本分散于政府和军队系统内的太空部门和资产。同年6月，由总理莫迪领导的国家安全委员会通过决议，批准在国防太空署下成立国防太空研究机构，负责发展太空作战系统和相关技术能力。未来人们回望历史的话，可能会将2020年称为“太空军元年”。

太空武器化的红线可能被突破。美国空军的《未来几年防务计划》提到将投入90亿美元发展防御性和进攻性太空能力，美国还有很多秘密太空项目外界不得而知。例如，美国一直在低调推进“X系列”军事航天飞机计划。2019年10月底，X－37B在轨运行780天后返回地球。其在太空中进行了一些秘密实验，具体内容外人无从知晓。为准备实战，美军频繁举行“施里弗”“全球哨兵”和“太空旗”等太空战演习。这些演习实战色彩强，越来越注重多域协同和发挥整体合力。

其他航天国家也不甘落后。俄罗斯在发展具有双重用途的巡查卫星。2017年6月，俄罗斯的机动卫星临近其他在轨装置进行检查，据称战时可化身为歼击卫星。2019年7月，法国防长帕尔丽表示要使用纳米卫星和反卫星激光武器来回击对手。日本于2020年正式决定引入干扰卫星，并计划在21世纪20年代中期发射。印度2019年3月进行反卫星试验，击中并摧毁一颗在低地球轨道运行的印度直播卫星。

太空冲突风险增加。在“第一太空时代”，太空与核战略稳定密切相关，因此美、苏都不敢轻举妄动。而在“第二太空时代”，太空有了其独立的地位，而且与常规军力结合极为紧密。卫星攻防不一定导致核大战，因此在太空中动武的心理门槛降低了。此外，美国欲以全政府模式不择手段地进行大国竞争，为确保自身优势，在太空率先动武的可能性增加。因此，在“第二太空时代”，人类可能爆发第一次真正的太空武装冲突。

商机无限

商业航天迅猛发展。在“第一太空时代”，太空开发主要服务于军事和民用。由于成本和技术门槛过高，商业航天发展有限。所以迄今为止，人类还只处于太空大开发的初级阶段。人类的太空开发已经“登堂”，但尚未“入室”。太空中的“宗庙之美，百官之富”，我们只不过刚刚窥见了其中皮毛，巨大的财富尚待我们去发现和开采。当前，太空产业发展的步伐正在加快，技术发展降低了投资航天的门槛，政策的扶持带动了市场的热情。太空产业开发出现以下几个热点：

一是商业航天发射。近年来，大量的小型航天发射公司如雨后春笋般兴起，而且生意火爆。例如，马斯克创办的火箭公司太空探索技术公司到 2018 年已成功进行 21 次卫星发射。航天发射除发射卫星外，还用于开展太空旅游。太空探索技术公司正在研发一种可重复使用的“星际飞船”，日本时尚界大亨前泽友作已付了首付款，预约乘坐“星际飞船”绕月飞行。维珍银河公司也计划到 2022 年每年把近 1000 名富有的探险者送入太空。

二是天基互联网建设。为了建立全球宽带网络，美国的“星链”项目计划构建一个由 1.2 万颗卫星组成的网络，英国的一网卫星公司计划发射 650 颗卫星。这将改变全球通信市场的格局，让网络遍布于全球的每个角落，为万物互联提供重要技术支撑。

三是太空资源开发。各国积极考虑未来10年内从月球和小行星开采矿石。欧洲航天局2019年初与火箭制造商阿丽亚娜集团签署协议，计划在月球建设基地，探索在2025年前在月球表面采矿。美国航空航天局计划与9家私企合作，研发月球采矿系统。

另外，太空无菌、零重力、高真空、超低温、强辐射的特殊环境为发展太空制造业提供了条件。美国太空制造公司使用国际空间站上的机械制造的光缆，其效率比在地球上制造的任何光缆的效率高得多。

值得注意的是，太空技术具有军民两用性质，太空产业的发展也带有军民融合的特点。例如，美国国防高级研究计划局（DARPA）的“黑杰克”项目谋求以商业技术，研发由60—200颗卫星组成的巨型低轨小卫星星座，大幅降低了天基通信成本，并增强了其抗打击能力。美国空军推动商业通信卫星整合计划，策划发展军用卫星和商业卫星无缝对接的混合通信网络。日本防卫省正在讨论一项方案，在美国等国的商业卫星上搭载用以监视外国军事活动的感应装置，将这些卫星作为情报收集卫星加以利用，以控制成本和加强监视。太空的经济价值与军事价值相互作用，为开发和利用太空提供了持续动力，而非“第一太空时代”那样偏重军事，给国家发展造成一定负担。

立法事不宜迟

太空不是美国历史上的狂野西部，它虽然浩瀚无垠，但又极其脆弱。其物理特性决定了太空环境一旦破坏，便极难修复。所以，不能简单地将其视为地球陆、海、空的进一步延伸，不能等到局面无可挽回了再建章立制。在太空大开发刚刚拉开帷幕之际，各国须抓住稍纵即逝的历史机遇，完善太空法规制度，防止近地太空变成垃圾场，乃至将人类文明永远束缚在地球之上。

太空领域的狂野开发风险巨大。生活在城市里的人担心垃圾围城，生活在地球上的人更需要担心垃圾围“球”。太空虽大，但禁不住太空垃圾日积月累，不断增加。自人类发射首颗人造卫星以来，已有大量卫星报废，它们有的已坠毁，有的则如幽灵般游荡在太空之中，另外还有些成为大量碎片。据美国统计，太空中 2600 颗报废卫星和 1 万块体积大于电脑显示器、2 万块大过苹果、50 万块玻璃球大小、至少 1 亿块小得自地球上无法准确标记的碎片，正在绕地球旋转。俄罗斯推算的数量则更多，俄国防部空天军科研中心经过计算得出，直径从 1 毫米到 10 厘米不等、数量高达 12.5 亿件的小型太空垃圾，正在绕地球旋转。很多太空垃圾体积虽小，但其速度极快，因此冲击力极大。2013 年 1 月 28 日，俄罗斯一颗 7.5 千克重的科研卫星撞上了以 8 千米时速行进、质量仅 0.017—0.019 克的太空垃圾，从而导致这颗卫星顷刻

间成为碎片。2016 年 5 月，直径不足千分之一毫米的碎片撞击国际空间站，虽然玻璃未被击穿，但留下了 7 毫米直径的凹痕。大体积的太空垃圾也会擅闯地球，一颗近 900 千克的苏联卫星便曾于 1978 年坠入加拿大境内，幸而无人受伤。其可怕之处在于，太空垃圾的级联效应会不断累积，如不抓紧时机采取有效措施加以应对，我们恐怕将不得不倒退回没有网络和导航的时代，庞大的电信产业也将难以为继。除太空垃圾的风险外，还有航天器碰撞风险。因为各国卫星数据并未充分共享，所以太空中有潜在撞车风险。例如，2009 年一颗美国通信卫星与一颗俄罗斯军事卫星相撞，化为 2000 颗碎片。最后是地外天体撞击风险。小行星等地外天体撞击地球概率虽低，但撞击造成的危害极大，可能给人类文明带来致命一击。近年来，地球防御不再仅仅是科幻电影中超级英雄的事业，而是国际社会已在认真考虑的严肃话题。

当前，有关太空领域的法律规则尚不完善。自太空时代开启之始，人类就试图制定规则，以规范在太空中的行为，让太空服务于和平。经过长期努力，国际社会已经签订了一些涉及太空军备控制的国际条约，其中比较重要的有：1963 年 7 月签订的《部分禁止核试验条约》禁止在太空进行核试验；1967 年联合国大会通过的《太空条约》规定，一切国家都可以不受歧视、平等地、自由地进行太空活动，缔约国不得将太空据为己有，不得在太空放置核武器及其他大规模杀伤性武器，禁止在月球及其他天体上部署大规模杀伤性武器，太空科研须用于和平目的；1979年联合国大会通过的《月球协定》规定，确保各天体只用于和平目的，禁止对月球以及其他天体进行任何形式的军事化。经由这些条约，国际社会确立了太空自由、和平利用太空、禁止在太空中部署大规模杀伤性武器等基本原则。但这些条约也有其不足之处，如没有禁止近地轨道的军事化，没有禁止发展和部署天基常规武器，也没有禁止反卫星武器，对“和平利用太空”“太空军事化”等具体概念没有明确界定，故而对太空军备竞赛的制约作用有限，已越来越不适应航天发展的现实需要。

为了共护太空家园，国际社会亟需建章立制。为确保太空的和平、可持续利用，各国也提出了不少方案。中、俄两国从2002年就开始共同在日内瓦裁谈会努力推动防止太空武器化，并于2008年提出《防止在外空放置武器、对外空物体使用或威胁使用武力条约》，呼吁禁止在太空中放置武器、对太空物体使用或威胁使用武力。欧盟倡导“太空行为准则”，提出政策透明、信息分享、发射和事件通报、减缓碎片、避免故意摧毁航天器等建议。联合国也在力促太空透明与可持续发展，根据联合国大会2010年通过的《太空透明与建立信任措施决议》，2012年联合国成立了“透明信任措施政府专家组”，从信息交换、设施访问、通报、国际合作等方面提出建议。2010年，在联合国太空委技术委员会下设立“太空活动长期可持续工作组”，审议并建议确保安全和持续利用太空的措施。2017 年，联合国大会通过决议，成立防止太空军备竞赛政府专家组，讨论防止太空武器化国际法律文书实质性要素。

当然，太空立法有不少困难。首先是定义难。何为“太空武器”？目前各国均对此难有定论。理论上，航天器均可用作攻击卫星的武器。实践中，导弹防御系统就具备实战反卫星能力。2008 年美军就曾使用标准 3 型反导拦截弹击毁报废卫星。其次是核查难。九天之上，发生了什么看不清楚。最后是合作难。其实，技术问题固然重要，但多数情况下只是托辞。定义难，可以通过协商，由简到难，由窄到宽，达成共识。核查难，随着太空态势感知能力的发展，也可以解决。最重要的原因还在于，国际社会仍是丛林世界，缺乏政治互信，个别国家追求绝对安全和对太空的绝对控制权，不愿受到国际法的束缚。

欲化解太空领域的安全困境，各国应从扩大共同利益入手，借其外溢效应实现大国之间的利益捆绑。应急救援、深空探索等敏感度较低的领域便是很好的切入点。好莱坞大片《火星救援》中就有中美联手实施太空救援的桥段。彼此利益交融将让攻击者有所畏惧，在地面政治趋于激化、武力对抗难以避免之时，对于共同利益所在的天基设施却投鼠忌器，不敢动手。各国可以此为基础，逐渐拓宽合作领域，搁置纷争，制定规则，有序利用太空，携手构建“太空人类命运共同体”。

9

第九章

超越地缘政治

第九章

如前所述，以制陆制海、争夺霸权、零和游戏、对抗冲突为基调的地缘政治思想，堪称西方各国对地理与国家安全关系的执着认识，因此西方国家总是习惯于从地缘政治视角出发看待中国也就不足为奇了，本书前面提到的“班农谬论”可谓其中的极致。事实上，西方这一对华解读恰恰错了，因为中国对地理与国家安全的感悟与西方的地缘政治思维迥然不同，新时代中国外交与安全的理念及其实践，结合中国传统的历史地理文化，正在超越西方地缘政治思维的藩篱。

远亲不如近邻

中国周边即环绕中国四周的邻近区域，其中包括与中国接壤或隔海相望的国家。首先，周边是一个地理概念，属于亚洲地理的范畴；其次，它又是一个具有安全与发展含义的概念，因为周边环境关乎中国的国家安全与经济发展。可以说，中国周边是“地理与国家安全”这一主题的缩影。

中国陆地边界长达2.28万千米，与朝鲜、蒙古、俄罗斯、哈萨克斯坦、吉尔吉斯斯坦、塔吉克斯坦、阿富汗、巴基斯坦、印度、尼泊尔、不丹、缅甸、老挝、越南14国接壤，海上与韩国、日本、菲律宾、文莱、马来西亚、印度尼西亚6国相望，目前与印度、不丹仍存在陆地边界问题，而海洋领土与权益争端更为突出。

周边历来是中国外交的一大重点，进入新时代以来，习近平总书记更是格外重视周边问题，并且强调要对其主动塑造。2013年10月24日，在中华人民共和国首次也是迄今唯一的一次“周边外交工作座谈会”上，他明确地讲：无论从“地理方位、自然环境”还是相互关系看，周边对中国都具有极为重要的战略意义，强调中国的周边外交战略和工作必须与时俱进、更加主动。他还继往开来地指出：中国周边外交方针仍要坚持“与邻为善、以邻为伴”和“睦邻、安邻、富邻”，同时更要突出体现“亲、诚、惠、容”的新理念。所谓“亲”，即讲平等、重感情，常见面、多走动，多做得人心、暖人心的事，使周边国家对中国更友善、更亲近、更认同、更支持，增强亲和力、感召力、影响力；所谓“诚”，即诚心诚意对待周边国家，争取更多朋友和伙伴；所谓“惠”，即编织更加紧密的共同利益网络，把双方利益融合提升到更高水平，让周边国家得益于中国发展；所谓“容”，即倡导包容思想，以更加开放的胸襟和更加积极的态度促进地区合作。

2015 年 11 月 7 日，习近平主席在新加坡国立大学发表演讲时指出，中国始终将周边置于“外交全局的首要位置”，强调中国推动建立以合作共赢为核心的“新型国际关系”，推动建设“人类命运共同体”，要达成以上目标都是从周边先行起步。据不完全统计，习近平主席自 2013 年上任以来共计出访 90 多个国家，其中出访周边国家就超过 40 个，占比接近一半，足迹覆盖东北亚、东南亚、中亚、南亚等周边“四大板块”，足见“周边是首要”。中国的周边外交强调相互尊重、和平发展、合作共赢，致力于构建“周边命运共同体”。

从“上海五国”到上海合作组织（简称“上合组织”），中国与有关国家共同维护着中亚乃至欧亚地区的和平发展。上合组织的前身——“上海五国”机制源于中国、俄罗斯、哈萨克斯坦、吉尔吉斯斯坦、塔吉克斯坦五国的加强边境地区信任和裁军谈判进程。1996 年和 1997 年，五国元首先后在上海和莫斯科签署《关于在边境地区加强军事领域信任的协定》和《关于在边境地区相互裁减军事力量的协定》，由此建立了“上海五国”机制。2000 年起，乌兹别克斯坦开始参与该机制。2001 年 6 月 15 日，中、俄、哈、吉、塔、乌六国元首在上海会晤，发表《上海合作组织成立宣言》，宣布在“上海五国”机制的基础上建立上合组织。

上合组织的任务起初在于协调成员国的行动，共同打击恐怖主义、分离主义和极端主义“三股势力”。2002 年上合组织在圣彼得堡峰会上签订了《上海合作组织宪章》(以下简称《宪章》)，并于 2003 年 9 月 19 日生效，《宪章》规定了组织的宗旨与原则、组织机构、主要活动方向。上合组织的宗旨是：加强各成员国之间的相互信任与睦邻友好；鼓励成员国在政治、经贸、科技、文化、教育、能源、交通、旅游、环保及其他领域的有效合作；共同致力于维护和保障地区的和平、安全与稳定；推动建立民主、公正、合理的国际政治经济新秩序。上合组织对内遵循著名的“上海精神”，即“互信、互利、平等、协商、尊重多样文明、谋求共同发展”，对外奉行不结盟、不针对其他国家和地区及开放原则。

经济合作是上合组织的另一重点合作领域，2003 年 9 月，上合组织成员国政府首脑签订了为期 20 年的《上海合作组织成员国多边经贸合作纲要》，规划的长期目标是在上合组织空间内建立自由贸易区域，短期目标是使贸易投资便利化、进程积极化。

上合组织的最高决策机构是成员国元首理事会，该理事会每年举行一次会议，就组织所有重大问题做出决定和指示。上合组织成员国政府首脑理事会每年举行一次例会，重点研究组织框架内多边合作的战略与优先方向，解决经济合作等领域的原则和迫切问题，并批准组织年度预算。此外，上合组织还设有议长、安全会议秘书、外交、国防、经济、交通、文化、卫生、执法部门领导人会议等年度定期会晤机制。

2015 年 7 月 10 日，上合组织成员国元首理事会会议通过了关于启动接纳印度、巴基斯坦加入程序的决议。2017 年 6 月 8 日，在上合组织成员国元首理事会第十七次会议上，印、巴两国正式加入，上合组织成员国由此扩大为 8 个，加上伊朗、阿富汗、蒙古、白俄罗斯 4 个观察员国，加入上合组织的地区逐渐增多，其国际影响不断扩大，中国的积极参与和主动引领有目共睹。

从山水相连到人文相通，“中国—东盟命运共同体”建设全面推进，次区域“澜湄合作”脱颖而出。1997 年，首次中国—东盟领导人非正式会议在马来西亚吉隆坡举行，双方宣布建立中国—东盟面向 21 世纪的睦邻互信伙伴关系。2003 年，中国作为东盟对话伙伴率先加入《东南亚友好合作条约》，与东盟建立了面向和平与繁荣的战略伙伴关系。2013年是中国—东盟建立战略伙伴关系10周年，习近平主席于10月访问印度尼西亚和马来西亚，倡议携手建设更为紧密的“中国—东盟命运共同体”，包括“五个支柱”：政治上讲信修睦、经济上合作共赢、安全上守望相助、人文上心心相印、地区机制上开放包容。

经济合作是“中国—东盟命运共同体”建设的基础。2002年11月，中国同东盟签署《全面经济合作框架协议》，启动了中国—东盟自贸区建设进程。2010年1月，中国—东盟自贸区全面建成。2014年，双方启动自贸区升级谈判。2015年11月，双方签署《关于修订〈中国—东盟全面经济合作框架协议〉及项下部分协议的议定书》（以下简称《议定书》），这标志着自贸区升级谈判正式结束。2019年10月，中国—东盟自贸区升级《议定书》全面生效。根据中国商务部统计，2019年中国和东盟的贸易额达6414.6亿美元，同比增长9.2%。中国连续11年成为东盟第一大贸易伙伴，东盟上升为仅次于欧盟的中国第二大贸易伙伴。2020年，东盟更是跃升为中国第一大贸易伙伴。

澜沧江—湄公河合作（“澜湄合作”）是中国与湄公河五国共同发起和建设的新型次区域合作平台，旨在深化六国睦邻友好合作，促进次区域经济社会发展，缩小地区国家发展差距，助力东盟一体化建设和地区一体化进程，为推进南南合作、落实联合国2030年可持续发展议程做出新贡献。

澜湄流域是亚洲乃至全世界最具发展潜力的地区之一。澜沧江和湄公河一水二名，是中国与中南半岛上的一条重要跨国河流。该河上游发源于中国青藏高原，源头在中国青海省的玉树境内，在中国境内称为澜沧江，经云南出境后被下游国家称作湄公河，依次流经缅甸、老挝、泰国、柬埔寨、越南五国，干流全长4880千米，流域面积79.5万平方千米，流域内生活有3.26亿民众。澜湄六国山水相连，人文相通，传统睦邻友好深厚，安全与发展利益紧密攸关。

2012年，泰国提出澜沧江—湄公河次区域可持续发展倡议，中方给予积极回应。在2014年11月第17次中国—东盟领导人会议上，中方提出建立澜沧江—湄公河对话合作机制，受到湄公河五国热烈响应。2016年3月23日，“澜湄合作”首次领导人会议在海南省的三亚成功举行，会议以“共饮一江水，命运紧相连”为主题，发表了《澜沧江—湄公河合作首次领导人会议三亚宣言——打造面向和平与繁荣的澜湄国家命运共同体》，宣告“澜湄合作”机制正式启动。

“澜湄合作”的特点是务实高效、项目为本，自2016年3月启动以来取得迅速进展，展现了“澜湄速度”和“澜湄效率”，培育了“平等相待、真诚互助、亲如一家”的澜湄文化。“澜湄合作”建立了包括领导人会议、外长会、高官会和各领域工作组会等在内的多层次、宽领域合作架构，确立了“3+5合作框架”，即以政治安全、经济和可持续发展、社会人文为三大支柱，优先在互联互通、产能、跨境经济、水资源、农业和减贫五大领域开展合作。

中国和印度同属亚洲，是世界上最大的两个新兴发展中国家，携手实现“龙象共舞”是两国面临的共同课题。1950年4月中印建交后，两国领导人在20世纪50年代共同倡导《和平共处五项原则》，双方交往密切。1959年西藏叛乱后，中印关系恶化。1962年10月，中印边境发生大规模武装冲突，两国边界争端至今悬而未决。21世纪以来，中印关系取得全面、快速发展，但好事多磨，其间亦有些许波折。中国进入新时代后，习近平主席格外注重创新外交方式方法，包括以非正式会晤等中外元首之间的密切互动助推国家间关系发展，中印领导人武汉“东湖漫步”尤其值得回味。

2018年4月27—28日，习近平主席在武汉东湖宾馆同印度总理莫迪举行非正式会晤。习近平主席强调：中、印作为两个最大的发展中国家和10亿以上人口级别的新兴市场经济体，都是世界经济增长的重要引擎，都是促进世界多极化、经济全球化的中坚力量。良好的中印关系是维护世界稳定的重要积极因素，对促进全人类的发展进步意义重大。他指出中印关系要稳定、要发展，“基础是互信”，要把握好三个关键点：第一，中、印应该是好邻居、好朋友，要将彼此视为世界力量对比变化中的积极因素，当作自身实现发展梦想的合作伙伴；第二，中印两国的发展壮大是大势所趋，对彼此是重要机遇；第三，中、印都奉行独立自主的外交政策，要本着积极、开放、包容的心态，正确分析和看待彼此意图。

莫迪表示进一步感受到习近平主席对发展印中关系的高度重视和亲力引领，认为印、中都是文明古国，两国互为重要邻居，必须加强对话、交流、合作，和平相处，世代友好。他完全同意习近平主席所指出的，印、中是世界的稳定因素，两国的发展对世界有重要影响，对广大发展中国家具有积极意义。赞同印、中要保持高层战略沟通，妥善处理和管控分歧。

非正式会晤期间，习近平主席同莫迪总理还多次在烟波浩渺、风景秀丽的武汉东湖边散步，两位领导人亲切交谈，就中印关系和共同关心的国际和地区问题交换意见，留下了中印交往史上的一段佳话。

维护领土主权无关地缘政治

领土乃国之根本，国土安全是国家生存发展的必要前提。南宋诗人陆游曾发出“王师北定中原日，家祭勿忘告乃翁”的慨叹；智利诗人聂鲁达深情地吟诵“祖国更重于生命，是我们的母亲，我们的土地”；英国首相丘吉尔在二战的“至暗时刻”发出了“我们将战斗到底……我们将不惜一切代价保卫本土……我们绝不投降”的振奋演说。可以说，从古至今，无论东西，维护国土安全都是天经地义的。

中国疆域广阔，邻国众多，习近平主席2014年访问蒙古国时曾说：“中国人讲‘好邻居金不换’，中国是世界上邻国最多的国家，我们把这当作宝贵财富。”中华人民共和国成立后通过一系列平等谈判，已与绝大多数邻国划定了陆上边界，但与一些国家尚存领土和海洋权益争端，加之我国台湾问题的继续存在，中国的国土安全与领土完整仍然面临严峻挑战。同世界其他大国相比，中国的周边环境本就最为复杂，某些域外势力为攫取地缘政治利益而从中作梗，又使中国与邻国的领土争议更趋复杂，成为诸多“问题”。

以南海为例，一提到南海，好像就是“问题”，所谓的“南海问题”不绝于耳。南海是否有“问题”，“问题”何时而起、因何而来，值得探究。南海诸岛自古以来就是中国领土。2000多年来，中国人民首先发现并长期开发南海诸岛，使得中国具备优先占有的权利，并在漫长的历史进程中逐步成为一种充分、完全的领土主权。自唐、宋开始，经元、明、清至近现代，历代中国政府都把南海诸岛当作国家的行政单位。千百年来，世界上没有任何国家对中国领有南海诸岛提出过异议。

“南海问题”的产生首先源于冷战背景下的各方博弈。20世纪50年代中期起，菲律宾和南越政权开始在南沙搞小动作，美国出于反共需要也在南海大做文章。1959年5月至1971年12月间，美国军用飞机和军舰侵犯中国西沙群岛领空和领海达200余次，中国外交部发言人每一次都提出了严重警告。随着20世纪60年代末南沙附近海域蕴藏的大量石油被发现，加之联合国的《大陆架公约》《海洋法公约》等涉及大陆架和专属经济区制度陆续出台，南海岛礁之争进一步扩展到海域划界之争。在巨大资源前景的诱惑刺激下，越南、菲律宾、马来西亚纷纷在南沙夺岛占礁，并以制定国内法律、发表政治声明等方式，正式提出所谓主权诉求。特别是越南政府，其在1974年以前一直承认中国对西沙、南沙诸岛及海域拥有主权，但在1975年却突然“变脸”，实属自己“打脸”。

客观而言，虽然各种摩擦不断，南海问题在很长时间内一直是局部和可控的。直到2009年以后，美国推行所谓“亚太再平衡”战略，在南海大搞军事演习、抵近侦察、“自由航行”等各类挑衅动作，加紧围堵中国，进而推动南海问题国际化、复杂化。在美国刺激下，一些域内国家有恃无恐，加紧抢占和改扩建岛礁，炮制“南海仲裁案”，还出现抱团针对中国的倾向。面对这一严峻挑战，同时为了彻底改善中国南沙岛礁生活条件和维护领土主权的需要，中方于2013年底在自己控守的岛礁上开始扩建工程以维护国家主权和领土完整。

可以说，南海从来不是一片“有问题”的海洋，而是个别西方国家步步为营，炮制出“南海问题”这一伪命题，给南海周边几个历来是中国传统友好的合作伙伴国戴上了“声索国”的紧箍咒，“主权争端”“填海造岛”“航行自由”这类词汇就是“咒语”。只要中国和东南亚一些邻国仍陷于外部势力设置的话语陷阱中，就难以摆脱“南海困境”。

作为南海最大沿岸国，中国在南海的利益诉求多年来一以贯之，那就是坚持维护国家领土主权完整与地区和平稳定相统一。中国就解决南海争议秉持的“搁置争议、共同开发”方针，体现了谅解与合作的精神。2002 年，中国与东盟共同签署《南海各方行为宣言》（DOC），这是中国和东盟国家就南海问题签署的首个政治文件，对于维护南海和平稳定具有里程碑式的重大意义。近年，中国秉持平等、开放的态度，与东盟国家就《南海行为准则》（COC）进行积极磋商。COC 是 DOC 的升级版，它们通过打造共同认可的地区规则，为最终和平解决争端奠定基础。越来越多的域内国家已经认识到，只要各方齐心协力、排除干扰、相向而行，南海问题终将不再是威胁地区和平与稳定的所谓“问题”。

遭遇西方地缘政治话语陷阱和被“问题化”的不只是南海，也包括中邻之间的其他领土争端以及中国台湾问题的产生与发展。中日钓鱼岛争端始于甲午战争，日本通过骇人听闻的《马关条约》将中国台湾岛及其附属岛屿纳入其殖民统治范围。二战后，日本战败并无条件接受《波茨坦公告》与《开罗宣言》，钓鱼岛理应归还中国。然而，美国出于战后扶植日本的需要，先单独托管、后私相授受，将钓鱼岛的行政管辖权擅自移交日本，这是没有任何法律依据的。在 1972 年的中日邦交正常化谈判中，两国领导人从大局出发，选择了搁置争议，达成了两国关系稳定发展的政治共识。但此后一些日本右翼分子企图借钓鱼岛问题煽动国内民族情绪，为自身谋求政治利益，加上日本政府单方面“购岛”之举火上浇油，美国声称《美日安保条约》“覆盖”该岛，致使钓鱼岛问题更趋复杂。

英国殖民者到来之前，中印之间从未发生过边界争执，双方遵循历来行政管辖所及的传统习惯线，友好相处。19 世纪后期起，英国势力以印度为基地，不断渗透中国西藏，强迫清政府签订不平等条约，还炮制出所谓的“麦克马洪线”，贻害无穷。独立后的印度政府继承英国殖民当局的衣钵，把西藏视为中印之间的“缓冲区”，不断挑起边境冲突，导致中印边界争端成为两国关系难以回避的一大障碍。

我国台湾问题本有望在二战结束后就得到解决，但因为国共内战和朝鲜战争的爆发，美国政府出于反华反共的冷战需要而改变立场，宣布所谓“台湾地位未定”，并据此武力介入台湾海峡，阻挠两岸统一，致使台湾问题久拖不决。

维护国家统一和领土完整，是每个主权国家的神圣权利，也是国际法的基本原则。中国政府在决不放弃正当权益、不牺牲国家核心利益的前提下，坚持用和平方式、谈判解决争端，努力维护地区和平稳定。针对不同问题，中国政府以开放、包容的心态，相继提出了“搁置争议、共同开发”“维持现状、避免冲突”“和平统一、一国两制”等方针，充分展现了致力于和平、安宁的诚意与担当。而“绝不放弃使用武力”的言辞貌似与这种理念“相悖”，但二者实为一体两面的关系，体现的是居安思危、刚柔并济的忧患意识和务实精神。中华民族正在运用自己的智慧，自觉超越西方地缘政治思维，维护这片中华儿女世世代代繁衍生息的土地。

共同发展的康庄大道

“中国应当对于人类有较大的贡献。”这是1956年毛泽东在《纪念孙中山先生》一文中向国人发出的伟大号召。时间到了21世纪，中国已经崛起为世界第二大经济体，有责任也有能力为人类做出更大的贡献，“一带一路”倡议可谓应运而生。

从卫星上看黑夜中的地球就会发现，我们生活的地球只有北美、欧洲发达国家和日本、韩国、中国沿海等少数地方灯火辉煌，世界的其他部分则灯光寥寥，依然处于前现代化的“黑暗”之中，可见全球真正实现了工业化的国家仍然相当有限。

近现代以来西方主导的经济全球化，以商品、劳动力、技术、资金自由流通为名，也带来了国家与国家、民族与民族、社会与社会之间的分层，贫富分化已经成为无法回避的世界沉疴。法国当代经济思想家托马斯·皮凯蒂在其《21 世纪资本论》中清晰描绘了西方资本主义世界运行的结果必然是阶层分化、贫富分化。如何让占世界人口 80% 的发展中国家振兴？如何帮助南方国家实现工业化，助推人类实现共同发展？这是全球化时代人类社会面对的重大课题。

“一带一路”倡议可谓中国新时代实现共同、开放、可持续发展的神来之笔，它志在联通全球，实现共同发展。班农将“一带一路”妄议为“中国真正大胆的地缘政治扩张”，那是他没有去实地考察，如果真正走到一个个中国企业投资建设的海外港口、工业园区，看到一条条铁路、公路贯通延伸带来的沿线繁荣景象，可能他就要改口了。

比雷埃夫斯港在希腊语里有“扼守通道之地”之意，公元前 5 世纪左右，雅典市民达成共识，用手中富足的黄金去造船，希腊的航海史从这片海湾“起航”，这里也承载着希腊人的骄傲。但 2008 年希腊遭逢严重的债务危机，处于“至暗时刻”，原中远集团在当年获得了比雷埃夫斯港 2 号、3 号集装箱码头 35 年特许经营权，中国企业当时接手的是一个入不敷出的“烂摊子”。“中国人来了”，当地人用忧虑和怀疑的眼光看待这个新变化：他们会不会抢了本来就堪忧的饭碗？我们会不会从此失去“家园”？

后来的事实打消了当地人的顾虑。经过中希合作团队的努力，比雷埃夫斯港起死回生，成为“一带一路”在欧洲建设的标志性项目，世界航运史上也多了一匹“黑马”：港口集装箱吞吐量全球排名从 2010 年的第 93 位跃升至 2018 年的第 32 位，对希腊直接经济贡献超过 6 亿欧元，为当地 1 万多人创造了就业机会，曾经的破旧老港已成为地中海地区的最大港口。对于“一带一路”带来的“旧港新生”，希腊总理米佐塔基斯由衷地说：“希腊人民对于中国的到来给予了压倒性的好评。”

吉布提位于非洲红海沿岸，是亚洲通往欧洲和非洲的海上必经之地，被称为“石油通道上的哨兵”。吉布提因港口而兴起，是“非洲之角”最重要的出海口，港口经济占其国内生产总值的 80%。1888 年，法国殖民者开辟了吉布提港口，围绕港口兴建城市。到 21 世纪初，吉布提老港陈旧的设施已不能满足日益增长的物流运输需求，阻碍了经济的进一步发展，吉布提政府一直试图翻新港口，最终将这一工程交给了中国。

2012 年，吉布提总统盖莱参观深圳蛇口时表示，今天的吉布提就像当年的蛇口，决定将“蛇口模式”引入吉布提。2013

年2月，中国招商局集团参与吉布提港口公司改制，收购其23.5%的股份，成为该港第二大股东。为改变吉布提老港的饱和状况，中吉双方共谋出路，利用中国的优惠贷款，投资5.8亿美元修建新的多功能码头，于2014年8月动工。2年半后，现代化的多哈雷多功能码头落成。新港水深15.3米，可以停靠10万吨级船舶，设计年吞吐能力为700万吨，集装箱20万标准箱，船舶作业效率大幅提升。以5万吨级粮食船舶为例，作业效率可从原来的每天2800吨提升至每天1万吨，港口的竞争力明显提升。自2013年以来，吉布提港口累计缴纳税费3500万美元，成为政府重要的税收来源。

除改造升级吉布提港口外，中国企业还修建了连接吉布提与腹地国家埃塞俄比亚两国首都的“亚吉铁路”、吉布提跨境供水设施、吉布提盐湖工业园等多个项目，累计在吉布提投资超10亿美元，成为带动吉布提发展的生力军。吉布提现已成为亚非欧大市场的重要连结点和“21世纪海上丝绸之路”西线的联通要塞。

白俄罗斯位于俄罗斯的西南方向，再往西就是波兰、德国，地处欧亚大陆交通物流枢纽。二战期间，这里是打响苏联卫国战争第一枪的地方。现在，白俄罗斯正积极参与“一带一路”建设，要把这块欧亚大陆腹地变成和平的纽带、发展的桥梁。

2017年7月3日，在白俄罗斯国家独立日的阅兵式上，一辆电动公交车作为展示品接受“检阅”，它是中国成都一家企业与白俄罗斯市政机车厂联合生产的新能源汽车，这家中白合资企业即位于名为“巨石”的中白工业园内。2013 年 7 月，白俄罗斯总统卢卡申科亲自为工业园命名，此工业园之所以叫巨石，是“希望它能成为中白两国人民友好的基石”。

“巨石”位于白俄罗斯首都明斯克以东约 25 千米，总面积为 91.5 平方千米，而明斯克市的面积也就 300 多平方千米，可见园区块头之大。“巨石”于 2010 年由中、白两国共同提议设立，是白俄罗斯最大的招商引资项目，被誉为“一带一路”上的明珠项目。

白俄罗斯非常重视“巨石”的发展，先后在 2012 年、2014 年和 2017 年为其发布三次总统令。要知道，在白俄罗斯，总统令并非行政命令，而是最高层级的法律形式。依托三次总统令的权威保障，“巨石”自 2015 年启动开发以来，始终行驶在快车道上。2018 年底，中白工业园一期基础设施建设基本完成。至 2019 年底，已有数十家企业入驻工业园，企业来自中国、俄罗斯、德国、以色列、美国和立陶宛等，累计合同投资总额超过 10 亿美元。

“巨石”重点发展精细化工、电子信息、生物医药、新材料、大数据处理等高新产业，未来将吸引超过 200 家高新技术企业入驻，就业人口超过 12 万人，形成一个大型综合性开发区，成为白俄罗斯发展高新技术产业集群的重要平台。

管中窥豹，可见一斑。上述希腊比雷埃夫斯港、非洲吉布提港、白俄罗斯中白工业园只是“一带一路”惠及世界众多生动故事中的几个代表，在当今“反全球化”逆风上扬之际，中国正以“一带一路”倡议开创和引领新型全球化，促进沿线国家和地区的共同发展，日益深入人心。截至2019年底，全球已有160多个国家和国际组织同中国签署共建“一带一路”合作协议，中外合作共赢、共同发展的新故事正在“一带一路”不断涌现。

迈向人类命运共同体

人类历史浩浩荡荡绵延数千年，从来不乏闪光的思想。孔子讲“四海之内皆兄弟也”，主张协和万邦、天下大同。康德提出了“永久和平”的规划，被视为西方理性主义的思想巨人。马克思则在《共产党宣言》中郑重宣告：“代替那存在着阶级和阶级对立的资产阶级旧社会的，将是这样一个联合体，在那里，每个人的自由发展是一切人的自由发展的条件。”

人类命运共同体是中华优秀传统文化与西方共同体思想合力共振的结晶。自党的十八大报告明确提出倡导“人类命运共同体”意识以来，中国国家主席习近平在国际国内重要场合不断阐述人类命运共同体思想，并逐步形成系统理论：2013年3月在莫斯科国际关系学院的演讲中，首次向国际社会发出构建人类命运共同体倡议；在博鳌亚洲论坛 2015 年年会上，提出推动建设人类命运共同体的“四点主张”；在联合国成立 70 周年系列峰会上，系统阐述打造人类命运共同体“五位一体”的总布局和总路径；2017 年在日内瓦万国宫，全面阐述构建人类命运共同体的总体设想，为人类社会发展进步描绘了蓝图，同年构建人类命运共同体理念首次载入联合国及安理会决议……

人类命运共同体的提出和发展有着深刻的时代背景。当今世界面临的不稳定、不确定性突出，传统的西方地缘政治学已经走入死胡同，中东乱局、难民危机、民粹泛滥……以上种种无一不是对西方世界的反噬。面对“世界怎么了？我们怎么办？”的时代之问，人类命运共同体恰是中华民族交出的历史答卷。可以说，人类命运共同体超越了传统地缘政治思维的局限，它既是国际关系理论和实践的重大创新，也是我们这个时代的一股清流、一座灯塔。

西方地缘政治最根本的思想倾向之一，就是浓厚的西方中心主义。西方社会往往被视为“文明的”“自由的”“优越的”，处于全球道义和权势的高地；而广大非西方社会则被视为“落后的”“野蛮的”“专制的”，是西方文明的“敌人”和“威胁”。地缘政治学也由此沦为一些西方国家维系强权、谋求霸权的工具。人类命运共同体倡导世界各国平等相待、互商互谅、和而不同、兼收并蓄，还特别强调大国与小国相处要义利相兼、以义为先。

两种不同思维方式孰高孰低，可谓一目了然。

基辛格在《论中国》中用两种流行的棋类游戏形象对比了中西方战略思维的迥异。他说：“西方流行的国际象棋讲求决战决胜，通过一系列正面交锋吃掉对手的棋子；而中国流传最久的围棋则强调战略耐心和灵活性。”西方政治多以这种对抗性为哲学基础，奉行“适者生存，不适者淘汰”的残酷逻辑。如今西方一大批地缘政治拥趸或渲染“文明冲突”、或宿命式悲叹“大国政治的悲剧”、或无限放大“修昔底德陷阱”，给国际社会带来无端的恐慌和悲观情绪。人类命运共同体坚决摒弃冷战思维、集团对抗，秉持共同、综合、合作、可持续的新安全观，用融合性思维超越了地缘政治的对抗性思维。

拉采尔的“国际有机体论”“生存空间论”、马汉的“海权论”、麦金德的“陆权论”等，西方地缘政治学无不主张国家加强军事实力建设，强化对关键地域的控制。这类扩张思维给人类带来了巨大灾难，纳粹德国的对外侵略扩张正是以这种思想为指引的，美国在“冷战”时期打造的北约、奥巴马推行的“亚太再平衡”，均或明或暗地受其影响。中华民族自古以来就是爱好和平的民族，中华人民共和国成立以来一直奉行不称霸、不扩张、不谋求势力范围的外交政策。人类命运共同体与和平发展一脉相承，倡导构建“不结盟、不对抗、不针对第三方”的伙伴关系，致力于地区和世界的和平与发展。

< 联合国总部外景

知行合一、言行一致，中国是人类命运共同体理念的首倡者，也是构建人类命运共同体的积极实践者和推动者。近年，由气候变化引发的自然灾害不断增多，南美和澳大利亚森林大火触目惊心，南北极冰盖加速消融，喜马拉雅冰川不断消退，海洋热浪与超强台风肆虐，生物多样性急剧减少，小岛国生存岌岌可危……面对气候变化威胁，没有哪个国家可以置身事外，也没有哪个国家能够独善其身。

建设“清洁美丽世界”是人类命运共同体的重要一环，它既是对工业文明发展模式的反思，也符合中国改革发展的进程，蕴含了对未来人类发展方向的思考。中国秉持人类命运共同体理念，积极参与应对气候变化全球合作。2015年巴黎气候大会前，中国与美、法、欧、印等密切合作、签署双边协定，成为达成《巴黎协定》的重要推动力量。中国更是《巴黎协定》坚定的履约国，不仅在国内大力推动各项绿色发展举措，还始终提倡“共同但有区别的责任”，在南南合作框架下向发展中国家提供力所能及的气候援助，与欧盟、金砖国家等保持密切沟通与合作。美国宣布退出《巴黎协定》后，中国第一时间表态，无论别国气候政策如何变化，中国应对气候变化的决心、目标和政策行动不会改变。在中国与国际社会进步力量的共同努力下，“气候命运共同体”已成为全球治理和多边合作的重要共识。

2020年，新冠肺炎疫情突如其来，并逐渐演变成一场全球重大危机，也折射出在全球化的今天，各国相互依存空前加深，事实上成了你中有我、我中有你的命运共同体。疫情初期，柬埔寨、蒙古、巴基斯坦领导人“逆行”访华，向国际社会展示对中国的支持；日本民间在捐助物资上所附的一行小字“山川异域，风月同天”感动了无数中国人。疫情在全球加速蔓延时，中国投桃报李，与世界各国和国际组织保持密切沟通协调，截至2020年11月，已发布8版新型冠状病毒肺炎诊疗方案、7版防控方案等技术文件，并及时将其翻译成多语种与各国分享，同时向有需要的地区捐赠物资善款、派遣医疗专家队，以实际行动推动构建“人类卫生健康共同体”。疫情促使中国与周边一些国家暂时搁置历史恩怨与现实争议，开展了史无前例的公共卫生合作，极大促进了地区国家政治互信与民心相通。中、日、韩三国人民真情互动、同舟共济，中国与东南亚、中亚、南亚等地区国家也展开密切合作，携手抗疫正成为推动构建周边命运共同体的生动实践。

大疫当前，世界各国除合作之外别无选择。然而，个别国家由于政府抗疫不力以致疫情失控，便一味抹黑中国、对华“甩锅”，企图推卸责任、转嫁危机。同时，西方也有一些人仍然戴着地缘政治的有色眼镜看待中国与其他国家的抗疫合作，比如称中国帮助意大利是为了扩大其地缘政治影响等。殊不知在全球化时代，新冠肺炎疫情这样的重大突发危机不会是最后一次，各种非传统安全威胁还会不断跨境发酵，摆在世界各国面前的只有一条道路，那就是加快推进人类命运共同体建设。

纵然，每个民族有每个民族的命运，每个国家有每个国家的命运。但《礼记·中庸》讲“万物并育而不相害，道并行而不相悖”，可见多元化与多样性在万物初始阶段已然和谐共生，这一原则在人与人之间、国与国之间、文明与文明之间同样适用。宇宙只有一个地球，人类共有一个家园。自觉抵制和超越西方地缘政治窠臼，共同构建人类命运共同体，这既是本书探讨地理与国家安全关系的自然落脚，也是人类发展的最终归宿。

参 考 文 献

1 傅莹、吴士存:《南海局势及南沙群岛争议：历史回顾与现实思考》,《中国新闻周刊》2016 年 5 月。

2 吕一燃主编:《南海诸岛：地理·历史·主权》，黑龙江教育出版社 1992 年版。

3 韦民、周强武、王春生:《中日关系与亚太经合：趋向·博弈·应对》，中国财政经济出版社 2016 年版。

4 吴士存:《2020 年南海局势展望：动荡或将不期而至》,《世界知识》2020 年第 1 期。

5 新华社国际部:《南海文明图谱——复原南海的历史基因》，新华出版社 2017 年版。

6 杨奎松:《学问有道：中国现代史研究访谈录》，九州出版社 2009 年版。

7 ［德］马克思、恩格斯:《共产党宣言》，人民出版社 2015 年版。

8 ［德］康德著，李明辉译:《康德历史哲学论文集》，联经出版公司 2002 年版。

9 ［美］基辛格著，胡利平等译:《论中国》，中信出版集团 2015 版。

10 葛汉文:《批判地缘政治学的发展与地缘政治研究的未来》,《国际观察》2010 年第 4 期。

11 孙雪松:《人类命运共同体思想对传统地缘政治理论的超越研究》，吉林大学硕士学位论文，2019 年 6 月。

12 Colin Flint,"Introduction to Geopolitics", 3rd edition, Oxon & New York: Routledge, 2017.

13 Gearóid Ó Tuathail,SimonDalby,"Rethinking Geopolitics", London: Routledge, 1998.

图书在版编目（CIP）数据

地理与国家安全 / 中国现代国际关系研究院著 .— 北京：时事出版社，2021.4

（总体国家安全观系列丛书）

ISBN 978-7-5195-0421-2

Ⅰ. ①地… Ⅱ. ①中… Ⅲ. ①地缘政治学－关系－国家安全－研究－世界 Ⅳ. ① D5 ② D815.5

中国版本图书馆 CIP 数据核字 (2021) 第 054144 号

出 版 发 行：时事出版社
地　　　址：北京市海淀区万寿寺甲 2 号
邮　　　编：100081
发 行 热 线：（010）88547590　88547591
读者服务部：（010）88547595
传　　　真：（010）88547592
电 子 邮 箱：shishichubanshe@sina.com
网　　　址：www.shishishe.com
印　　　刷：北京良义印刷科技有限公司

开本：710mm × 1000mm　1/16　印张：18　字数：195 千字
2021 年 4 月第 1 版　2021 年 4 月第 1 次印刷
定　价：35.00 元
（如有印装质量问题，请与本社发行部联系调换）